201 hechos increíbles sobre fútbol

Los mejores datos y hazañas históricas del mundo del fútbol que deberías conocer

GHIA ARYA

Índice

Introducción

¿Sabías que el fútbol es el deporte más jugado y seguido en todo el planeta? Desde campos llenos de gente hasta patios de escuela, el fútbol es un juego que une a millones de personas, sin importar de dónde vienen. Este libro es una aventura para descubrir las historias, récords y momentos más increíbles de este apasionante deporte.

¿Por Qué Es Importante Conocer Sobre el Fútbol?

El fútbol no es solo un juego; es una parte importante de muchas culturas alrededor del mundo. Aprender sobre el fútbol ayuda a entender cómo este deporte ha unido a personas de todos los rincones del planeta, creando amistades, rivalidades y, sobre todo, pasión. Conocer la historia del fútbol, sus récords, sus héroes y sus momentos más sorprendentes te permitirá descubrir por qué tantas personas lo aman, lo siguen y dedican su vida a jugarlo.

Además, el fútbol nos enseña lecciones muy valiosas, como el trabajo en equipo, la perseverancia, el respeto por los demás y la importancia de dar lo mejor de uno mismo. Cuando aprendes sobre este deporte, también estás aprendiendo sobre valores que te ayudarán en la vida.

Lo Que Encontrarás en Este Libro

En este libro descubrirás un montón de datos curiosos y hazañas impresionantes que han hecho del fútbol el deporte favorito del mundo. Conocerás los orígenes de los equipos más antiguos, los récords de los mejores jugadores y los goles más legendarios de la historia. Te adentrarás en historias increíbles de juegos en condiciones extremas, de campeonatos inolvidables y de jugadores que cambiaron el juego para siempre.

Este es un viaje por la historia del fútbol, desde los primeros pasos hasta las estrellas actuales, pasando por las grandes rivalidades, las celebraciones más originales y los momentos que hicieron gritar de emoción a millones de personas.

Así que ponte cómodo, agarra una pelota (¡si tienes una a mano!) y prepárate para descubrir las historias y secretos del deporte más emocionante del mundo.

¡Aquí comienza tu aventura futbolística!

Los Primeros Pasos del Fútbol

1

El primer juego de pelota se jugó en China hace más de 2,000 años

Cuju, que significa "patear la pelota", era un juego practicado durante la dinastía Han en China. En este juego, los jugadores trataban de hacer pasar una pelota rellena de plumas y cuero por un pequeño aro sin usar las manos. Cuju se jugaba en canchas rectangulares y era popular entre soldados y nobles. Este deporte se considera uno de los antecesores más antiguos del fútbol actual y fue parte del entrenamiento militar, pues mejoraba la agilidad y resistencia de los soldados.

2

Los griegos jugaban Episkyros, un juego de pelota parecido al fútbol y al rugby

Episkyros era un juego rudo que combinaba la habilidad para patear la pelota con fuerza física para defenderla. Se jugaba con dos equipos y una pelota hecha de cuero. El objetivo era pasar la línea del equipo contrario, similar a marcar un gol en el fútbol. Este juego no tenía reglas estrictas, y los jugadores podían usar las manos para lanzar la pelota, lo que lo hacía un deporte caótico y emocionante.

3

Los aztecas practicaban Tlachtli, un juego de pelota con significado religioso

Tlachtli, jugado en Mesoamérica, tenía una cancha en forma de "I" con aros en los costados. Los jugadores usaban caderas, rodillas y codos para golpear una pelota de caucho y hacerla pasar por un aro de piedra. Este juego tenía un fuerte significado religioso, y se dice que representaba la lucha entre el sol y las fuerzas de la oscuridad. Aunque no era exactamente como el fútbol moderno, sí tenía elementos similares de precisión y control con la pelota.

4

Los romanos jugaban Harpastum, un deporte de pelota muy físico

Harpastum era un juego en el que dos equipos luchaban por controlar una pequeña pelota en un campo de juego delimitado. Los romanos lo usaban como entrenamiento militar, ya que exigía fuerza, resistencia y agilidad. Los jugadores tenían que defender la pelota y evitar que el equipo contrario cruzara la línea de su área. Este juego era popular en todo el imperio romano y posiblemente influyó en otros deportes europeos.

5

En Japón, el juego de Kemari consistía en no dejar caer la pelota

Kemari era un juego tradicional japonés que se practicaba en la corte imperial. Los jugadores usaban una pelota rellena de aserrín y llevaban ropa ceremonial. Se jugaba en un círculo, y el objetivo era mantener la pelota en el aire pasándola a los demás sin que tocara el suelo. Aunque no era competitivo como el fútbol actual, el objetivo de Kemari era la precisión y el trabajo en equipo.

6

Para los mayas, la pelota era un símbolo sagrado en sus juegos

En la civilización maya, la pelota estaba asociada a la vida y a los rituales religiosos. Jugaban en enormes canchas de piedra y usaban una pelota de caucho que representaba el sol. Este juego no solo era un deporte, sino también una ceremonia sagrada.

Los partidos simbolizaban la batalla entre las fuerzas del bien y el mal.

7

En Inglaterra medieval, todo el pueblo jugaba al caótico "kicking ball"

Durante la Edad Media, los habitantes de las aldeas jugaban "kicking ball", un juego en el que pateaban una pelota hacia un objetivo en la aldea contraria. Este juego era tan caótico y desorganizado que a menudo causaba peleas. No había un número fijo de jugadores, y toda la aldea podía participar. Aunque las reglas eran mínimas, el kicking ball fue una base importante para el desarrollo del fútbol en Inglaterra.

8

En Europa, los pueblos tenían sus propios juegos de pelota sin reglas

En distintas aldeas europeas, el "folk football" o fútbol popular se jugaba durante festividades. Estos juegos no tenían reglas oficiales y podían durar días, con decenas de personas participando. Se jugaba en campos abiertos, calles o plazas, y a menudo terminaba en lesiones y conflictos.

Estos juegos fueron una inspiración para el fútbol organizado y civilizado que se desarrolló después.

9

En el antiguo juego Cuju, los chinos inventaron la pelota de cuero

En la antigua China, los jugadores de Cuju usaban una pelota rellena de plumas y cubierta de cuero, similar a los balones actuales. La invención de esta pelota fue revolucionaria, ya que los materiales la hacían más liviana y fácil de manejar. Las pelotas anteriores en otros lugares eran hechas de materiales como piedras o vejigas animales, que no eran tan fáciles de controlar. La pelota de Cuju fue una inspiración para el diseño de balones de fútbol en épocas posteriores.

10

Los mayas jugaban usando solo las caderas para golpear la pelota

En el antiguo juego de Tlachtli, los jugadores solo podían usar las caderas, codos, rodillas y hombros para mover la pelota. Este desafío hacía el juego extremadamente difícil, pues la pelota de caucho era muy pesada. Los jugadores entrenaban duro para controlar la pelota y marcar puntos en los aros de piedra.

Este tipo de habilidad física ha sido comparada con el dominio que los futbolistas modernos tienen para controlar y pasar la pelota sin usar las manos.

El Origen del Balón de Fútbol

11

Las primeras pelotas se hacían con vejigas de animales

Antes de los balones de cuero y plástico que conocemos hoy, la gente usaba vejigas de animales, especialmente de cerdo, para hacer pelotas. Estas vejigas se inflaban y se cubrían con cuero para que fueran más resistentes. Aunque eran frágiles y a menudo explotaban, las vejigas infladas eran populares porque no había mejores materiales. Este fue uno de los primeros intentos de crear una pelota que pudiera patearse y rebotar.

12

Los romanos usaban pelotas rellenas de tela para jugar

Los romanos jugaban a un deporte llamado "Harpastum" con pelotas rellenas de tela. Esto les daba un peso ideal para los juegos de equipo y era más duradera que las vejigas de animal. Además, al estar rellenas, las pelotas romanas resistían mejor el impacto y permitían un control adecuado. Este diseño es una de las primeras ideas de cómo rellenar una pelota para mejorar el juego.

13

El cuero fue uno de los primeros materiales usados para balones "modernos"

Al usar cuero como cubierta exterior, los primeros fabricantes de pelotas lograron hacer que fueran más resistentes y mantuvieran mejor la forma esférica. Este material también ofrecía un buen equilibrio entre durabilidad y flexibilidad, lo que hacía que los balones fueran más fáciles de controlar. Este diseño básico se mantuvo por siglos, y el cuero continuó siendo uno de los materiales favoritos para hacer balones hasta el siglo XX.

14

Charles Goodyear creó el primer balón de goma vulcanizada en 1855

La vulcanización es un proceso que hace que el caucho sea más resistente y elástico. Charles Goodyear, inventor de este proceso, fabricó la primera pelota de goma en 1855, lo que marcó un avance enorme. Los balones de caucho eran mucho más resistentes que los de vejiga y cuero, y además mantenían mejor la forma.

Este invento fue fundamental para el desarrollo del fútbol moderno, pues hizo posible que se crearan pelotas duraderas y de mejor calidad.

15

El primer balón de fútbol oficial para un Mundial fue en 1930

Para el primer Mundial de Fútbol en 1930, se fabricaron balones especiales que se utilizaron en los partidos. En la final, hubo una controversia entre Argentina y Uruguay, ya que cada equipo quería jugar con su propio balón. Se llegó a un acuerdo en el que se usó la pelota argentina en el primer tiempo y la uruguaya en el segundo. Esta competencia marcó el inicio de los balones oficiales en los torneos de fútbol, un concepto que sigue vigente en la actualidad.

16

La costura exterior de los balones cambió en el siglo XX

Los primeros balones de fútbol de cuero se cosían a mano y se cerraban con una cordón visible, similar a los balones de rugby. Este cordón podía ser incómodo para los jugadores, especialmente si golpeaban el balón de cabeza.

En la década de 1930, se empezó a experimentar con costuras internas y técnicas para sellar los balones, lo que mejoró la aerodinámica y comodidad al jugar. Este cambio hizo que los balones fueran mucho más seguros y cómodos de usar.

17

El Telstar fue el primer balón de fútbol con diseño en blanco y negro

En el Mundial de 1970, Adidas presentó el balón Telstar, que tenía un diseño revolucionario de pentágonos blancos y negros. Esta combinación de colores fue elegida para que el balón fuera más visible en las televisiones en blanco y negro de la época. El diseño en blanco y negro se volvió tan popular que hoy es un símbolo del fútbol, y aunque han surgido diseños más coloridos, el Telstar sigue siendo uno de los balones más icónicos.

18

Los balones modernos están hechos con materiales sintéticos

A partir de los años 80, los fabricantes de balones comenzaron a usar materiales sintéticos en lugar de cuero. Estos materiales son más ligeros, más duraderos y ofrecen mejor control sobre el balón, especialmente en condiciones de lluvia. El uso de polímeros especiales permite que los balones modernos sean resistentes al agua y mantengan su forma ideal en cualquier clima. Esto ha permitido que el fútbol se juegue en condiciones variadas y que el balón siempre tenga el mismo rendimiento.

19

Los balones de fútbol pasaron por pruebas de la NASA

Balones como el Brazuca, usado en el Mundial de 2014, han pasado por rigurosas pruebas en el laboratorio de la NASA para analizar su aerodinámica. Estas pruebas incluyen estudios en túneles de viento para asegurar que el balón tenga un vuelo estable y predecible. Este tipo de análisis ayuda a los diseñadores a mejorar la forma y el material del balón, logrando que los jugadores puedan hacer tiros más precisos y estables.

20

Los balones actuales tienen cámaras de aire especiales para mayor rebote

En el interior de los balones modernos, hay una cámara de aire de látex o butilo que permite que el balón mantenga su rebote y presión ideales durante los partidos. Esta cámara de aire es crucial para que el balón no pierda su forma y tenga un rebote uniforme en cada golpe. Gracias a esta tecnología, los jugadores pueden prever mejor el comportamiento del balón y lograr un control más preciso, lo que hace el juego más emocionante y controlado.

La Fundación de la FIFA y las Primeras Reglas

21

La FIFA se fundó en 1904 en París, Francia

La FIFA se creó en París con el propósito de organizar y promover el fútbol a nivel internacional. La reunión inicial incluyó representantes de siete países: Francia, Bélgica, Dinamarca, Países Bajos, España, Suecia y Suiza. Con esta fundación, se buscaba establecer reglas universales y una organización que pudiera supervisar el crecimiento del fútbol en el mundo. Esta unificación permitió que el fútbol pudiera ser practicado con las mismas normas, sin importar el país.

22

El primer presidente de la FIFA fue un francés

Robert Guérin, un periodista francés que también era entrenador, fue elegido presidente de la FIFA en 1904. Su liderazgo fue clave en los primeros años para organizar los torneos internacionales y promover el crecimiento del fútbol. Guérin fue un impulsor de la expansión de la FIFA y ayudó a establecer una estructura para los partidos y competiciones entre diferentes países. Gracias a su trabajo, el fútbol pudo empezar a desarrollarse como deporte organizado.

23

Las primeras reglas del fútbol se establecieron en Inglaterra

En 1863, representantes de diferentes clubes en Inglaterra se reunieron para establecer las reglas oficiales del fútbol, conocidas como las "Reglas de Cambridge". Estas normas incluían el uso del pie para patear el balón y prohibían el uso de las manos, diferenciando al fútbol de otros deportes como el rugby. La creación de estas reglas unificó el deporte en Inglaterra y permitió que se practicara de forma organizada, sentando las bases para la expansión del fútbol en el mundo.

24

La FIFA adoptó las reglas de la Football Association inglesa

Cuando la FIFA fue creada en 1904, no se crearon nuevas reglas, sino que se adoptaron las normas ya establecidas por la Football Association (FA) de Inglaterra. Esta decisión facilitó la organización de partidos internacionales, ya que todos los equipos jugarían bajo las mismas reglas. La adopción de las reglas inglesas ayudó a la FIFA a establecer rápidamente un estándar para el fútbol en todo el mundo.

25

El fuera de juego fue una de las primeras reglas del fútbol

La regla del fuera de juego fue incluida en las primeras reglas del fútbol para evitar que los jugadores se quedaran cerca de la portería esperando un pase sin oposición. Aunque la regla ha sufrido modificaciones, la idea principal sigue siendo la misma: mantener el juego justo y equilibrado. Esta regla ha sido una de las más difíciles de aplicar y entender, pero es esencial para el fútbol moderno y es clave para la estrategia en el juego.

26

El tamaño de la cancha y de las porterías se estableció en las primeras reglas

Las primeras reglas de fútbol especificaban el tamaño de la cancha, con un campo rectangular, y la medida de las porterías, que debían tener un ancho de 7.32 metros y una altura de 2.44 metros. Estas medidas ayudaron a uniformar el juego y a facilitar la organización de los partidos.

El tamaño estandarizado de la cancha y las porterías se ha mantenido casi sin cambios hasta hoy y permite que el fútbol se juegue en las mismas condiciones en cualquier lugar del mundo.

27

Las tarjetas amarilla y roja se implementaron después de la fundación de la FIFA

Aunque la FIFA se fundó en 1904, no fue hasta 1970 cuando se introdujeron las tarjetas amarilla y roja para advertir o expulsar a jugadores por comportamiento antideportivo. Antes, los árbitros dependían únicamente de gestos y palabras para controlar el juego, lo que generaba confusiones. Con las tarjetas, los árbitros pudieron sancionar de forma clara y visible. Esta introducción fue un gran avance para la disciplina en el fútbol y se convirtió en un elemento básico de los partidos.

28

La FIFA organizó la primera Copa Mundial de Fútbol en 1930

En 1930, la FIFA organizó el primer Mundial de Fútbol en Uruguay, lo que marcó un hito en la historia del deporte. Este torneo incluyó 13 equipos de diferentes países y fue ganado por la selección de Uruguay. La Copa del Mundo se convirtió en la competición más prestigiosa de la FIFA y desde entonces se celebra cada cuatro años. Este evento consolidó el papel de la FIFA como organizador y regulador del fútbol a nivel mundial.

29

La regla de los 90 minutos de juego fue establecida por la FIFA

Desde sus inicios, la FIFA decidió que los partidos de fútbol deberían durar 90 minutos, divididos en dos tiempos de 45 minutos cada uno. Esta regla permite que el juego tenga un ritmo y una duración consistente, y se ha mantenido hasta la actualidad. Los 90 minutos permiten a los equipos mostrar su resistencia y estrategia, y aunque existen prórrogas para partidos de eliminación, la duración básica de los partidos no ha cambiado.

30

El primer balón oficial de la FIFA era completamente de cuero

Los primeros balones oficiales que la FIFA utilizaba en sus torneos eran de cuero, un material resistente y duradero, pero que absorbía agua cuando llovía, volviéndose más pesado. Estos balones hechos a mano no siempre eran perfectamente redondos, lo que afectaba su trayectoria. A medida que la tecnología avanzó, los balones se mejoraron, pero los primeros balones de cuero marcaron una época y fueron fundamentales para la evolución del deporte.

Los Árbitros y sus Herramientas

31

El primer árbitro en usar un silbato fue en 1878

En 1878, un árbitro británico usó por primera vez un silbato para señalar una falta o detener el juego, una innovación que ayudó a mejorar el control del partido. Antes, los árbitros dependían de pañuelos o incluso de sus voces, lo que no siempre era efectivo en estadios ruidosos. El silbato se volvió rápidamente popular en todo el mundo, pues su sonido era claro y distintivo, permitiendo a los jugadores y al público saber cuándo el árbitro intervenía en el juego.

32

Las tarjetas amarilla y roja se introdujeron en 1970

La idea de las tarjetas amarilla y roja surgió después de un confuso partido en el Mundial de 1966 entre Inglaterra y Argentina, en el que un jugador fue expulsado sin que todos lo supieran. Las tarjetas permiten a los árbitros señalar advertencias (amarilla) o expulsiones (roja) de manera clara y visible. Desde entonces, las tarjetas se han convertido en un elemento esencial en el fútbol y han ayudado a mantener la disciplina en el campo de juego.

33

Los árbitros usan spray para marcar la distancia en los tiros libres

El spray de espuma temporal es una herramienta que permite a los árbitros marcar la distancia reglamentaria de 9.15 metros entre el balón y la barrera defensiva. Este spray desaparece en segundos y asegura que los jugadores respeten la distancia. La implementación del spray ha sido muy efectiva y se ha extendido a competiciones de todo el mundo, evitando que los jugadores se adelanten y ayudando a que los tiros libres sean más justos.

34

El VAR (Asistente de Árbitro de Video) debutó en el Mundial de 2018

El Video Assistant Referee (VAR) permite a los árbitros revisar ciertas decisiones en tiempo real mediante la repetición en video. Esto incluye jugadas como penales, goles dudosos, tarjetas rojas y errores de identidad.

Aunque el VAR ha generado controversia, ha reducido significativamente los errores en decisiones importantes, ofreciendo mayor precisión en el arbitraje y cambiando el modo en que se analiza cada jugada en los partidos.

35

Los árbitros tienen un reloj especial para medir el tiempo exacto del partido

Los árbitros usan relojes avanzados que les permiten detener y reiniciar el tiempo según las pausas del partido, como lesiones o sustituciones. Al final de cada tiempo, el árbitro calcula el tiempo añadido o "tiempo de descuento" para compensar los minutos perdidos. Estos relojes han sido perfeccionados con cronómetros y temporizadores, asegurando que los árbitros mantengan un control preciso del tiempo, lo que es crucial en un deporte tan ajustado como el fútbol.

36

Los jueces de línea usan banderines para señalar faltas y fuera de juego

Los asistentes en las bandas del campo ayudan a los árbitros principales levantando un banderín cuando detectan un fuera de juego o falta. El banderín también permite indicar en qué dirección va el balón tras salir de la cancha. Este método ha sido fundamental para asistir al árbitro principal, asegurando que se detecten las faltas desde ángulos donde el árbitro no tiene visibilidad directa. La precisión de los jueces de línea es esencial para mantener la justicia en el juego.

37

El cuarto árbitro se introdujo para controlar los cambios y el tiempo extra

El cuarto árbitro fue incorporado para asistir en la gestión de los cambios de jugadores y comunicar la cantidad de tiempo extra. Este árbitro también es responsable de reemplazar al árbitro principal si es necesario y de mantener la disciplina en las áreas técnicas de los entrenadores. Su presencia asegura que el juego fluya con orden y que los equipos respeten las reglas establecidas para los cambios y el tiempo añadido.

38

El sistema de "goal-line technology" se usó por primera vez en 2014

La tecnología de línea de gol utiliza cámaras y sensores para confirmar si el balón ha cruzado completamente la línea de gol, lo que ayuda a evitar errores en jugadas difíciles de ver. Cuando el balón entra en la portería, el árbitro recibe una señal inmediata en su reloj indicando que ha sido gol. Este sistema ha evitado errores en decisiones cruciales y ha permitido una mayor precisión en el conteo de goles en los torneos de fútbol.

39

El árbitro asistente de video no es el único en la sala del VAR

En la sala del VAR no solo está el árbitro de video principal, sino también otros asistentes de video que revisan las imágenes desde diferentes ángulos. Esto permite tomar decisiones rápidas y precisas. Este equipo analiza las jugadas y decide si es necesario que el árbitro principal revise una jugada en la pantalla de campo. Esta colaboración asegura que cada revisión tenga múltiples opiniones y ayude a tomar la mejor decisión.

40

Los árbitros deben seguir un entrenamiento físico riguroso

Los árbitros deben estar en excelente condición física, ya que recorren grandes distancias durante un partido. En algunos partidos, un árbitro puede correr entre 10 y 12 kilómetros. Para mantener este nivel de exigencia, deben pasar pruebas de velocidad y resistencia antes de cada torneo o temporada. Este entrenamiento asegura que los árbitros puedan seguir el ritmo del juego, posicionarse bien para ver las jugadas y tomar decisiones correctas en cada momento del partido.

El Nacimiento de los Uniformes de Fútbol

41

Los primeros uniformes de fútbol eran simples camisetas blancas

Al principio, los jugadores usaban camisetas blancas sin distintivos, pues los uniformes no eran un elemento importante del juego. Cada equipo vestía lo que tuviera disponible, y en muchos casos, solo llevaban camisetas de color blanco o ropa de diario, sin colores representativos. Con el tiempo, los clubes comenzaron a elegir colores y diseños específicos para diferenciarse de los rivales y darle identidad a su equipo.

42

Inglaterra fue el primer país en regular el uso de uniformes de equipo

En 1872, Inglaterra se convirtió en el primer país en establecer reglas sobre el uso de uniformes en el fútbol, lo cual fue clave para profesionalizar el deporte. La Football Association (FA) ordenó que cada equipo debía usar uniformes diferentes y distintivos para evitar confusiones durante los partidos.

Esta decisión ayudó a organizar mejor el juego y a dar un sentido de pertenencia a los equipos, marcando el inicio del uso obligatorio de uniformes en el fútbol.

43

Los colores de los uniformes se eligieron para representar la identidad del equipo

Con el tiempo, los equipos comenzaron a elegir colores que representaban sus ciudades, regiones o valores. Por ejemplo, el FC Barcelona adoptó el azul y grana, mientras que el Real Madrid eligió el blanco como símbolo de pureza y elegancia. Estos colores se volvieron distintivos y simbolizaron el orgullo de los aficionados. Muchos equipos mantienen estos colores hasta hoy, y los fans los identifican inmediatamente en cualquier parte del mundo.

44

El uniforme alternativo nació para evitar confusiones en los partidos

En los primeros días, cuando dos equipos coincidían en colores similares, los jugadores podían confundirse, así que se creó el uniforme alternativo. Este segundo uniforme permite a un equipo cambiar de color si el rival tiene una vestimenta similar. Hoy, el uniforme alternativo se utiliza en la mayoría de las competiciones para que los equipos puedan jugar sin problemas de visibilidad, y también se ha convertido en una oportunidad para innovar en diseños.

45

La numeración en los uniformes comenzó en los años 1920

Los números en las camisetas se introdujeron para ayudar a los espectadores y árbitros a identificar a los jugadores. La numeración se hizo popular en la década de 1920, cuando equipos en Inglaterra y Sudamérica empezaron a usar números para distinguir a los jugadores en el campo. En un inicio, los números representaban posiciones (como el número 9 para el delantero) y, con el tiempo, los jugadores y fanáticos se encariñaron tanto con los números que ahora cada jugador tiene su propio dorsal preferido.

46

Los logotipos y emblemas en los uniformes surgieron en los años 1930

Los primeros uniformes eran muy simples y no tenían logos, pero en los años 30 los equipos comenzaron a incluir escudos o emblemas en sus camisetas. Estos símbolos reflejaban la identidad del club o la región, y algunos incluso incluían la imagen de animales, castillos u otros elementos característicos. Este detalle le dio a cada equipo un símbolo de orgullo y pertenencia, y desde entonces los escudos se convirtieron en un elemento esencial en los uniformes.

47

La publicidad en los uniformes de fútbol comenzó en los años 70

El Eintracht Braunschweig, un equipo alemán, fue uno de los primeros clubes en incluir el logo de una empresa (Jägermeister) en su uniforme en 1973. Esto fue un cambio controversial en su momento, pero pronto los patrocinadores vieron el valor publicitario en los uniformes de fútbol.

Hoy en día, los anuncios en las camisetas son una fuente de ingresos importante para los clubes, y algunos patrocinadores incluso crean versiones especiales para ciertos partidos.

48

Algunos equipos tienen "uniformes de gala" para partidos especiales

En ocasiones, los clubes diseñan uniformes de gala para eventos especiales, como aniversarios o finales de torneos importantes. Estos uniformes suelen tener detalles únicos que honran la historia del club o un evento significativo. Por ejemplo, el Real Madrid ha usado uniformes dorados para conmemorar campeonatos, y otros equipos han incluido detalles históricos en sus camisetas. Estos uniformes de gala son populares entre los aficionados y se vuelven piezas de colección.

49

La tecnología en los uniformes modernos permite mejor rendimiento

Hoy en día, los uniformes están hechos de materiales ligeros y transpirables que mejoran el rendimiento de los jugadores. Los primeros uniformes eran de algodón, un material que absorbía el sudor y se volvía pesado. Ahora, los uniformes se fabrican con tejidos que repelen la humedad y permiten que los jugadores se mantengan frescos durante el partido. Esta tecnología ha mejorado el rendimiento de los jugadores y ha hecho que los uniformes sean más cómodos y funcionales.

50

Algunos equipos tienen supersticiones sobre el color de sus uniformes

Existen equipos que creen que ciertos colores les traen suerte y evitan cambiarlos en partidos importantes. Por ejemplo, el Liverpool suele jugar con su camiseta roja como símbolo de poder y energía, y otros equipos tienen colores específicos para sus partidos en casa y de visitante.

Estas supersticiones pueden influir en la elección de colores para sus uniformes, ya que tanto jugadores como fanáticos creen que un color puede tener un efecto en el resultado del partido.

Los Campeonatos Regionales y Mundiales

51

La Copa América es el torneo de selecciones más antiguo del mundo

La Copa América, fundada en 1916, es el campeonato de selecciones más antiguo del mundo. Se creó para celebrar el centenario de la independencia de Argentina y reunió a cuatro países: Argentina, Brasil, Chile y Uruguay. Desde entonces, el torneo se ha expandido y ha permitido la participación de selecciones invitadas de otros continentes, como Japón y México. La Copa América es uno de los torneos más prestigiosos y competitivos en el fútbol internacional.

52

La Eurocopa se creó para unificar el fútbol europeo

La Eurocopa comenzó en 1960 con la idea de crear un torneo que uniera a las selecciones europeas en una competencia oficial. En su primera edición, participaron solo cuatro equipos, y la Unión Soviética se proclamó campeón.

Con el tiempo, el torneo se ha expandido para incluir más selecciones, y actualmente participan 24 equipos. La Eurocopa es considerada uno de los torneos más emocionantes y con el nivel de competencia más alto fuera del Mundial.

53

La Copa Africana de Naciones inició con solo tres equipos

La primera Copa Africana de Naciones, celebrada en 1957, contó con solo tres equipos: Egipto, Sudán y Etiopía. Sudáfrica iba a participar, pero fue descalificada debido a sus políticas de segregación racial. Desde entonces, el torneo ha crecido enormemente y hoy cuenta con la participación de 24 selecciones africanas. La Copa Africana de Naciones es una celebración del talento futbolístico africano y ha revelado grandes figuras para el fútbol mundial.

54

La Copa Oro de la CONCACAF reemplazó otros torneos regionales

La Copa Oro, organizada por la CONCACAF, nació en 1991 para unificar los torneos de selecciones en América del Norte, Centroamérica y el Caribe. Antes de la Copa Oro, existían varios campeonatos regionales, como el Campeonato de Naciones de la CONCACAF. Este torneo ha permitido que países como México y Estados Unidos se enfrenten en una competencia oficial, y es el torneo más importante para selecciones de la región.

55

La Copa Asiática fue el primer torneo internacional de Asia

La Copa Asiática se fundó en 1956, siendo el primer torneo de selecciones en Asia, con la participación inicial de solo cuatro equipos. Desde su fundación, el torneo ha crecido hasta incluir a casi todas las selecciones asiáticas, y países como Japón, Irán y Arabia Saudita se han destacado como campeones. La Copa Asiática ha ayudado a desarrollar el fútbol en Asia y a mostrar el crecimiento del deporte en el continente.

56

La Copa Mundial Femenina fue un hito para el fútbol femenino

La primera Copa Mundial Femenina de la FIFA se celebró en 1991 en China, marcando un avance importante para el fútbol femenino. Doce selecciones participaron en esa edición, y Estados Unidos se coronó campeón. Desde entonces, el torneo ha crecido en popularidad y visibilidad, con la participación de más equipos y la incorporación de tecnología avanzada. La Copa Mundial Femenina ha sido fundamental para la expansión y profesionalización del fútbol femenino en todo el mundo.

57

La Copa de Naciones de Oceanía destaca el fútbol en islas pequeñas

La Copa de Naciones de la OFC (Confederación de Fútbol de Oceanía) es el torneo principal de la región, creada en 1973 para dar a los países oceánicos la oportunidad de competir internacionalmente. Países como Nueva Zelanda y las Islas Salomón han tenido éxito en este torneo, y aunque Oceanía tiene menos representación en la FIFA, la Copa de Naciones ha sido crucial para desarrollar el fútbol en pequeñas islas y darle visibilidad a la región.

58

La Copa Confederaciones reunía a los campeones de cada continente

La Copa FIFA Confederaciones, que se disputó entre 1992 y 2017, reunía a los campeones de cada torneo continental, además del campeón del mundo y el país anfitrión. Este torneo permitía que selecciones de diferentes continentes se enfrentaran antes del Mundial, ofreciendo una muestra de talento internacional. Aunque fue discontinuada en 2017, la Copa Confederaciones dejó un legado importante al mostrar un adelanto de la competencia entre los mejores equipos del mundo.

59

La Copa Mundial Sub-20 ha revelado futuras estrellas

La Copa Mundial Sub-20, organizada por la FIFA desde 1977, es un torneo que reúne a las mejores selecciones juveniles del mundo y ha sido la plataforma para futuras estrellas. Jugadores como Diego Maradona, Lionel Messi y Paul Pogba brillaron en este torneo antes de triunfar en el fútbol profesional. La Copa Mundial Sub-20 permite a los jóvenes talentos ganar experiencia y ser vistos por equipos y aficionados de todo el mundo.

60

La Copa Árabe de la FIFA celebra la cultura futbolística árabe

La Copa Árabe, creada en 1963, es un torneo que reúne a selecciones de países árabes y está organizada por la FIFA en colaboración con las federaciones de la región. Este campeonato permite a los equipos árabes competir y mostrar su talento en un evento único que celebra la cultura árabe. La Copa Árabe también ha sido una plataforma para que jugadores árabes se destaquen y ganen reconocimiento a nivel internacional.

Las Copas del Mundo Más Memorables

61

El "Milagro de Berna" en el Mundial de 1954

La final de 1954 en Suiza es recordada como el "Milagro de Berna" cuando Alemania Occidental venció sorpresivamente a Hungría 3-2, un equipo que era considerado imbatible. Este partido es legendario porque Hungría había goleado a Alemania Occidental 8-3 en la fase de grupos, pero en la final, Alemania remontó un 2-0 y se coronó campeón. Este triunfo se considera uno de los mayores logros del fútbol alemán y un símbolo de la recuperación de Alemania después de la Segunda Guerra Mundial.

62

El "Gol del Siglo" de Maradona en México 1986

En el Mundial de 1986 en México, Diego Maradona protagonizó dos momentos inolvidables en el partido contra Inglaterra: la "Mano de Dios" y el "Gol del Siglo". En este segundo gol, Maradona recorrió más de 60 metros, driblando a cinco jugadores ingleses antes de anotar.

Este gol ha sido considerado como el mejor gol en la historia de los mundiales, y consolidó a Maradona como una leyenda del fútbol. Argentina ganó este Mundial, y Maradona fue su gran figura.

63

La inesperada victoria de Italia sobre Brasil en 1982

En el Mundial de España 1982, Italia derrotó sorpresivamente a Brasil, un equipo que era el favorito para ganar el torneo, en un partido épico que terminó 3-2. Paolo Rossi, delantero italiano, fue la estrella al anotar los tres goles de Italia, un "hat-trick" histórico. Esta victoria llevó a Italia a la final, donde luego venció a Alemania Occidental y se consagró campeón. Este partido es recordado como uno de los encuentros más emocionantes y sorprendentes de la Copa del Mundo.

64

La Copa del Mundo de 1966 y el polémico gol fantasma de Inglaterra

En la final del Mundial de 1966 en Inglaterra, se produjo uno de los momentos más controvertidos de la historia del torneo: el "gol fantasma" de Geoff Hurst. Inglaterra se enfrentaba a Alemania Occidental y, en el tiempo extra, Hurst disparó un balón que rebotó en el travesaño y cayó cerca de la línea de gol. El árbitro concedió el gol, aunque muchos discutieron si el balón realmente había entrado. Inglaterra ganó el partido 4-2, y este gol sigue siendo debatido hasta hoy.

65

La Copa del Mundo de 1970 y la consagración de Pelé

El Mundial de 1970 en México es recordado como uno de los mejores de la historia, y fue el escenario donde Pelé, con la selección de Brasil, alcanzó su tercera Copa del Mundo, un récord aún inigualado. Este equipo brasileño es considerado uno de los más talentosos de todos los tiempos, y su estilo de juego cautivó al mundo. Brasil derrotó a Italia 4-1 en la final, y el Mundial de 1970 consolidó a Pelé como uno de los más grandes jugadores en la historia del fútbol.

66

El "Mineirazo" en el Mundial de 2014 en Brasil

En 2014, Brasil fue el anfitrión de la Copa del Mundo y soñaba con ganar el torneo en casa, pero en las semifinales ocurrió un hecho impactante: Alemania venció a Brasil 7-1. Este partido, conocido como el "Mineirazo", se jugó en el Estadio Mineirão y dejó en shock a los fanáticos brasileños. Alemania anotó cinco goles en los primeros 30 minutos, lo que convirtió este partido en uno de los más sorprendentes y dolorosos para la historia del fútbol brasileño.

67

La "batalla de Santiago" en el Mundial de 1962 en Chile

El partido entre Chile e Italia en el Mundial de 1962 es conocido como la "batalla de Santiago" debido a la violencia en el campo. Este partido se destacó por la cantidad de peleas entre jugadores, golpes y faltas violentas, lo que obligó al árbitro a intervenir repetidamente. Dos jugadores italianos fueron expulsados, y el partido se volvió caótico. Chile ganó 2-0, pero el encuentro pasó a la historia como uno de los más duros y agresivos en los mundiales.

68

El "gol de oro" de Francia en la final de 1998

En el Mundial de 1998, Francia, como país anfitrión, ganó su primera Copa del Mundo al vencer a Brasil 3-0 en la final. Uno de los momentos más memorables fue el primer "gol de oro" en una final, anotado por Laurent Blanc en un partido anterior de ese torneo. Francia demostró un dominio total en la final, y el equipo, liderado por Zinedine Zidane, hizo historia. La victoria fue celebrada en toda Francia y consolidó al país como una potencia en el fútbol mundial.

69

El título de España en 2010 con un estilo de posesión

En el Mundial de 2010 en Sudáfrica, España se coronó campeón por primera vez en su historia, gracias a su estilo de juego basado en la posesión, conocido como "tiki-taka". España derrotó a los Países Bajos en la final con un gol de Andrés Iniesta en tiempo extra, en un partido muy reñido. Este triunfo fue el resultado de una generación dorada de jugadores españoles y estableció el estilo de "tiki-taka" como uno de los más efectivos y admirados en el fútbol.

70

La Copa del Mundo de 1950 y la primera participación de India

En el Mundial de 1950 en Brasil, India fue invitada a participar, pero el equipo se retiró antes de jugar. Una de las razones fue que los jugadores indios estaban acostumbrados a jugar descalzos y no querían usar zapatos, lo cual era obligatorio en el torneo. Esta anécdota es curiosa porque India pudo haber tenido su primera aparición en el Mundial, pero su retiro dejó una historia inusual. Desde entonces, el equipo indio no ha logrado clasificar a otra Copa del Mundo.

La Evolución de los Tiros Libres y Penales

71

El penal fue introducido en 1891 para sancionar faltas graves

La regla del penal se implementó en 1891 en Inglaterra para castigar las faltas dentro del área de gol. Al principio, se conocía como "el gol de la muerte" y era una medida controversial, pues algunos jugadores consideraban que penalizaba demasiado a los equipos. Con el tiempo, el penal se convirtió en una de las jugadas más importantes del fútbol, y hoy es un momento de gran tensión y expectativa en cada partido.

72

El primer penalti en un Mundial fue fallado

En el Mundial de 1930, el mexicano Manuel Rosas tuvo la oportunidad de ejecutar el primer penalti en la historia de los mundiales, pero falló. Sin embargo, más tarde en el torneo, Rosas marcó otro penalti, convirtiéndose en el primer jugador en anotar desde el punto de penal en la Copa del Mundo.

Este momento histórico mostró la dificultad y presión de ejecutar un penal, especialmente en torneos importantes.

73

Antonín Panenka inventó el icónico penal "a lo Panenka" en 1976

El checo Antonín Panenka inventó su famoso penal en la final de la Eurocopa de 1976 contra Alemania. En lugar de disparar fuerte, Panenka hizo un suave toque hacia el centro, sorprendiendo al portero. Este estilo de penalti, conocido como "a lo Panenka", se convirtió en una técnica famosa en el fútbol y requiere mucha confianza, pues si el portero no se mueve, es fácil de detener. Desde entonces, muchos jugadores han intentado este tiro arriesgado en momentos clave.

74

La distancia reglamentaria para los tiros libres se fijó en 9.15 metros

En 1913, se estableció que la barrera en los tiros libres debía colocarse a 9.15 metros del balón. Esta distancia permite que el jugador que ejecuta el tiro tenga una mejor oportunidad de esquivar a los defensores, mientras que la barrera aún puede tratar de bloquear el disparo.

Esta regla sigue vigente hoy y es una de las más reconocidas en el fútbol, con los árbitros marcando la línea de distancia para asegurar que los defensores respeten el espacio.

75

El tiro libre indirecto dentro del área es poco común pero emocionante

A diferencia de los penales, un tiro libre indirecto dentro del área solo puede resultar en gol si el balón toca a otro jugador antes de entrar a la portería. Este tipo de tiro libre ocurre cuando hay una falta que no amerita penal, como un pase al portero con el pie o juego peligroso. Aunque es raro, los tiros libres indirectos en el área son emocionantes porque los equipos deben ser creativos para ejecutar una jugada efectiva en el reducido espacio del área.

76

El gol de tiro libre de Roberto Carlos en 1997 desafió la física

Uno de los tiros libres más memorables en la historia es el gol de Roberto Carlos contra Francia en 1997, durante el Torneo de Francia. Su disparo potente y curvo desde una gran distancia sorprendió a todos, ya que parecía ir fuera del arco, pero terminó entrando. Este gol es recordado por su increíble efecto, que incluso desconcertó a los científicos que intentaron explicar cómo la pelota tomó esa curva tan precisa. Hasta hoy, es uno de los goles de tiro libre más icónicos.

77

Andrea Pirlo popularizó el "tiro libre con efecto" en el fútbol moderno

Andrea Pirlo, uno de los mediocampistas más talentosos de su generación, llevó el tiro libre a un nuevo nivel con su habilidad para darle un efecto especial al balón, conocido como el "tiro libre de cuchara" o "a tres dedos". Con precisión y técnica, lograba que el balón girara de manera inesperada, dificultando la tarea de los porteros.

Sus tiros libres, ejecutados con un toque delicado pero poderoso, inspiraron a muchos jugadores a perfeccionar esta técnica y han dejado goles inolvidables en la historia del fútbol.

78

El famoso gol de Zico de tiro libre debajo de la barrera

En un partido en 1981, el brasileño Zico sorprendió al mundo con una innovadora manera de cobrar un tiro libre: en lugar de disparar por encima de la barrera, pateó el balón por debajo. Desde entonces, muchos jugadores han replicado esta técnica cuando la barrera salta al intentar bloquear el disparo. El tiro libre "por abajo" se ha convertido en una jugada ingeniosa y es una prueba de la creatividad en el fútbol.

79

La tanda de penales se introdujo en los torneos internacionales en 1970

Antes de 1970, si un partido de eliminación terminaba empatado, se recurría a partidos de repetición o se lanzaba una moneda para decidir el ganador. En 1970, la tanda de penales fue implementada oficialmente para definir los partidos empatados en fases eliminatorias. Esta decisión añadió una nueva dimensión al fútbol, creando momentos de gran tensión y emoción. Las tandas de penales ahora son uno de los momentos más intensos y recordados en las competiciones.

80

La "paradinha" brasileña revolucionó la ejecución de penales en los años 60

La "paradinha" es una técnica inventada en Brasil que consiste en hacer una breve pausa antes de disparar un penal, confundiendo al portero sobre la dirección del tiro. Fue popularizada por jugadores brasileños como Pelé y Rivellino, y se convirtió en una técnica de engaño muy efectiva. Aunque fue tan efectiva que en 2010 la FIFA decidió restringirla, la "paradinha" dejó su marca en la historia de los penales y mostró cómo la creatividad puede cambiar el juego.

Fútbol y Cultura Pop: Canciones y Mascotas

81

"La Copa de la Vida" de Ricky Martin fue un himno en el Mundial de 1998

La canción "La Copa de la Vida" de Ricky Martin se convirtió en el tema oficial del Mundial de Francia 1998 y tuvo un enorme éxito mundial. Con su ritmo pegajoso y letras inspiradoras, la canción fue un himno para los fanáticos del fútbol y sigue siendo una de las canciones de mundial más recordadas. Esta canción ayudó a popularizar la tradición de tener una canción oficial para cada Copa del Mundo, uniendo a fanáticos de todas partes.

82

"Waka Waka" de Shakira en 2010 es la canción de mundial más vista en YouTube

El tema "Waka Waka (This Time for Africa)" de Shakira fue la canción oficial del Mundial de Sudáfrica 2010 y se ha convertido en la canción de mundial más vista en YouTube, con más de 3 mil millones de reproducciones. Esta canción, con influencias de la música africana, celebró la diversidad cultural de Sudáfrica y capturó la emoción del primer mundial en suelo africano. Su popularidad global demostró cómo el fútbol puede unir culturas y generar éxitos musicales.

83

"El Mundial" de Placido Domingo fue la primera canción oficial de un Mundial

En el Mundial de España 1982, se creó la primera canción oficial para el torneo, llamada "El Mundial", interpretada por el tenor español Plácido Domingo. Este tema fue un hito al iniciar la tradición de tener una canción oficial para cada Copa del Mundo. La poderosa voz de Domingo y la emotiva letra reflejaron el entusiasmo del fútbol en España y marcaron el inicio de una nueva tradición que se ha mantenido hasta hoy.

84

La primera mascota oficial de un Mundial fue "World Cup Willie" en 1966

El Mundial de 1966 en Inglaterra introdujo la primera mascota oficial, un león llamado "World Cup Willie". Este león con camiseta de la bandera británica fue un éxito y marcó el comienzo de la tradición de crear una mascota para cada Copa del Mundo. "World Cup Willie" representó el espíritu inglés y abrió el camino para que cada torneo tuviera su propia mascota, cada una con un diseño y personalidad únicos que representan al país anfitrión.

85

Zakumi, la mascota del Mundial de 2010 en Sudáfrica, fue un símbolo de la cultura africana

Zakumi, un leopardo con melena verde, fue la mascota oficial del Mundial de Sudáfrica 2010. Su nombre es una combinación de "ZA" (el código de Sudáfrica) y "kumi" que significa diez en varios idiomas africanos. Zakumi fue creado para reflejar la riqueza cultural del continente africano y transmitir alegría y hospitalidad a los fanáticos.

Esta mascota se convirtió en un símbolo de bienvenida para los visitantes y celebró la diversidad de Sudáfrica.

86

"We Are One" de Pitbull, Jennifer Lopez y Claudia Leitte fue la canción del Mundial de 2014

La canción "We Are One (Ole Ola)" fue el tema oficial del Mundial de Brasil 2014 y contó con la participación de Pitbull, Jennifer Lopez y la cantante brasileña Claudia Leitte. Este tema fusionó ritmos latinos y brasileños para reflejar la energía de Brasil, uno de los países más apasionados por el fútbol. Aunque recibió críticas mixtas, "We Are One" se convirtió en un éxito de ventas y sonó en estadios y fiestas en todo el mundo.

87

Gauchito fue la primera mascota de un Mundial creada por un niño

En el Mundial de 1978 en Argentina, la mascota oficial fue "Gauchito", un niño vestido con ropa de gaucho, un símbolo de la cultura argentina. Esta mascota fue especial porque la idea fue inspirada en los bocetos de un niño argentino.

"Gauchito" reflejó las tradiciones argentinas y fue un emblema de orgullo para los aficionados locales, conectando el fútbol con la identidad cultural del país anfitrión.

88

Las canciones de los mundiales han sido interpretadas por artistas de todo el mundo

A lo largo de la historia, los mundiales han contado con canciones interpretadas por artistas internacionales como Shakira, Ricky Martin, Nicky Jam, y Anastacia. Cada uno de estos cantantes ha aportado su estilo y cultura a los temas oficiales, lo que ha contribuido a la diversidad musical de los mundiales. Estas canciones permiten que los fanáticos de todo el mundo se identifiquen con el evento, y se vuelven parte de la banda sonora de cada Copa del Mundo.

89

La canción "Un'estate italiana" fue un himno en el Mundial de Italia 1990

La canción "Un'estate italiana" interpretada por Gianna Nannini y Edoardo Bennato fue el tema oficial del Mundial de Italia 1990 y es una de las canciones de mundial más queridas de la historia. Su letra nostálgica y su melodía emotiva capturaron la pasión del torneo y resonaron entre los fanáticos. Este tema es recordado con cariño y sigue siendo uno de los favoritos para muchos aficionados del fútbol.

90

Mascotas recientes como Fuleco de Brasil 2014 promueven la conciencia ecológica

Fuleco, la mascota del Mundial de Brasil 2014, fue un armadillo de tres bandas, una especie en peligro de extinción en Brasil. Su nombre es una combinación de "fútbol" y "ecología", y se diseñó para concienciar a los fanáticos sobre la conservación de la biodiversidad. Fuleco simbolizó el compromiso del torneo con el medio ambiente y conectó el evento deportivo con temas de protección ecológica, inspirando a niños y adultos a cuidar el planeta.

Las Rivalidades Más Famosas

91

El "Superclásico" entre Boca Juniors y River Plate en Argentina

La rivalidad entre Boca Juniors y River Plate es una de las más intensas del mundo. Estos dos equipos argentinos tienen origen en el barrio de La Boca en Buenos Aires, aunque River se mudó después a una zona más acomodada, lo que generó una rivalidad de clases. Boca representa a los sectores populares, mientras que River es asociado con una imagen más elitista. Cada partido entre ambos es un espectáculo de pasión y tiene una enorme importancia cultural en Argentina.

92

El clásico entre Barcelona y Real Madrid refleja una rivalidad histórica y política

La rivalidad entre el FC Barcelona y el Real Madrid es más que deportiva: representa tensiones históricas y políticas entre Cataluña y el gobierno central de España. Barcelona simboliza el orgullo y la independencia catalana, mientras que el Real Madrid es asociado con la capital española.

Este enfrentamiento, conocido como "El Clásico", es uno de los eventos deportivos más vistos en el mundo y cada partido es una mezcla de talento, tensión y orgullo regional.

93

El derbi de Glasgow entre Celtic y Rangers tiene un trasfondo religioso y cultural

La rivalidad entre el Celtic y el Rangers en Glasgow, Escocia, va más allá del fútbol e incluye tensiones religiosas y culturales. Celtic es identificado con la comunidad católica y de origen irlandés, mientras que Rangers representa a la comunidad protestante y unionista. Este "Old Firm" derby es uno de los enfrentamientos más antiguos y feroces en el fútbol europeo, donde la historia y las creencias de sus seguidores añaden una gran intensidad al juego.

94

Argentina y Brasil: la rivalidad sudamericana más famosa

La rivalidad entre Argentina y Brasil es la más grande de Sudamérica y enfrenta a dos de las selecciones más exitosas del continente. Estos países tienen estilos de juego y culturas muy diferentes: Brasil es conocido por su "jogo bonito" o juego bonito, mientras que Argentina destaca por su habilidad y pasión en el campo. Cada partido entre ellos es un choque de orgullo y talento, y esta rivalidad ha dado lugar a encuentros inolvidables en la historia del fútbol.

95

Inglaterra y Alemania: una rivalidad marcada por la historia

La rivalidad entre Inglaterra y Alemania se intensificó después de la Segunda Guerra Mundial y se trasladó al campo de fútbol. La final del Mundial de 1966, donde Inglaterra venció a Alemania en un partido polémico con el "gol fantasma" de Geoff Hurst, consolidó esta rivalidad. Desde entonces, cada enfrentamiento entre estas selecciones es un recuerdo de momentos históricos y dramáticos en la cancha, y ambos equipos consideran a este enfrentamiento como uno de los más importantes.

96

Italia y Francia: una rivalidad nacida en las finales

Italia y Francia desarrollaron su rivalidad en el fútbol debido a enfrentamientos clave en competiciones internacionales. La final del Mundial de 2006, en la que Italia venció a Francia en una tanda de penales tras la expulsión de Zinedine Zidane, es uno de los momentos más recordados. Estos dos equipos europeos han tenido varios encuentros decisivos, y su rivalidad combina talento, emociones y una historia reciente de partidos cerrados e intensos.

97

El derbi de Milán entre AC Milan e Inter de Milán

En Milán, Italia, el AC Milan y el Inter de Milán comparten el mismo estadio, el icónico San Siro, pero tienen una intensa rivalidad que divide a la ciudad. El AC Milan fue originalmente el club de los inmigrantes y clases trabajadoras, mientras que el Inter fue fundado por aquellos que querían un club más exclusivo.

Con el tiempo, ambos clubes se han vuelto exitosos y respetados, y cada "Derbi della Madonnina" es una batalla por la supremacía local.

98

Brasil y Uruguay: una rivalidad marcada por el "Maracanazo" de 1950

La rivalidad entre Brasil y Uruguay tiene su origen en el "Maracanazo", cuando Uruguay venció a Brasil en la final del Mundial de 1950 en el Estadio Maracaná, ante miles de fanáticos brasileños. Esta derrota dejó una profunda marca en la historia del fútbol brasileño y convirtió cada partido entre ambos en un recordatorio de ese momento. A pesar de la diferencia de tamaño y población entre los países, esta rivalidad sigue viva en cada torneo sudamericano.

99

México y Estados Unidos: la rivalidad de la CONCACAF

México y Estados Unidos tienen una rivalidad creciente en la región de la CONCACAF. Aunque México dominó durante décadas, Estados Unidos comenzó a mejorar en los años 90, y los enfrentamientos entre ambos equipos se volvieron muy competitivos. Esta rivalidad refleja la relación histórica entre ambos países y el orgullo por demostrar quién es el mejor equipo de Norteamérica. Cada partido atrae a fanáticos de ambos países y es un evento muy seguido en la región.

100

Ajax y Feyenoord: el "Klassieker" de los Países Bajos

En los Países Bajos, el "Klassieker" (el clásico) entre el Ajax de Ámsterdam y el Feyenoord de Róterdam enfrenta a los dos equipos más importantes del país. Ajax representa la sofisticación y la capital del país, mientras que Feyenoord es conocido por su conexión con la clase trabajadora y el espíritu de Róterdam. Esta rivalidad es una de las más intensas en el fútbol neerlandés, y cada encuentro está lleno de pasión, lealtad y el deseo de demostrar la supremacía en el país.

Entrenadores Legendarios y sus Estrategias

101

Rinus Michels y la creación del "fútbol total"

Rinus Michels, entrenador de los Países Bajos en los años 70, revolucionó el fútbol con su estilo de "fútbol total", en el que todos los jugadores, incluidos los defensores y el portero, participaban en ataque y defensa. Esta estrategia, aplicada en el Ajax y la selección neerlandesa, permitió una flexibilidad táctica única y se basaba en el cambio constante de posiciones en el campo. Su innovación inspiró a generaciones de entrenadores y llevó a los Países Bajos a la final del Mundial de 1974.

102

Arrigo Sacchi y su enfoque en la presión alta con el AC Milan

Arrigo Sacchi revolucionó el fútbol en los años 80 al implementar una presión alta y constante con su AC Milan. Sacchi creía en un sistema de equipo compacto que presionara al rival desde su propio campo, manteniendo líneas cercanas y una defensa sincronizada.

Su táctica, que evitaba depender de estrellas individuales, transformó al AC Milan en un equipo casi imbatible y le dio títulos europeos y nacionales. Sacchi demostró que la disciplina táctica podía ser la clave del éxito en el fútbol.

103

Pep Guardiola y la evolución del "tiki-taka"

Pep Guardiola perfeccionó el "tiki-taka" con el FC Barcelona, un estilo de juego basado en la posesión del balón, pases cortos y rápidos, y movimientos constantes. Guardiola se inspiró en el juego de posición que promovía Johan Cruyff, pero lo llevó a un nivel superior con su "tiki-taka". Este estilo de juego no solo llevó a Barcelona a ganar múltiples títulos, sino que también cambió la manera en que los equipos modernos piensan sobre el control del balón y la importancia de la posesión.

104

Helenio Herrera y la táctica del "catenaccio" en el Inter de Milán

Helenio Herrera popularizó el "catenaccio" con el Inter de Milán en los años 60, una táctica defensiva que priorizaba cerrar los espacios y contragolpear rápidamente. El catenaccio utilizaba un "libero" o defensor libre detrás de la línea de defensa para interceptar balones y despejar el peligro. Aunque criticado por su estilo defensivo, el catenaccio de Herrera llevó al Inter a grandes éxitos en Italia y Europa, y su influencia se sigue viendo en el enfoque defensivo de algunos equipos italianos.

105

Johan Cruyff y el concepto de "juego de posición"

Johan Cruyff, tanto como jugador y entrenador del FC Barcelona, implantó el "juego de posición", donde los jugadores ocupaban espacios específicos en el campo para facilitar el control del balón y desestabilizar al rival. Cruyff creía en crear superioridades numéricas en diferentes áreas del campo, lo que obligaba a los rivales a desorganizarse.

Su filosofía fue el precursor del "tiki-taka" y ha dejado una influencia duradera en el estilo de juego del Barcelona y en el fútbol en general.

106

Marcelo Bielsa y su estrategia de "presión intensa"

Marcelo Bielsa es conocido por su estilo de presión intensa y constante, donde sus equipos buscan recuperar el balón rápidamente tras perderlo. Su sistema, basado en el esfuerzo físico y el juego en equipo, exige una gran dedicación de sus jugadores y promueve una ofensiva rápida y dinámica. Bielsa ha sido una fuente de inspiración para muchos entrenadores modernos, y su enfoque en el trabajo colectivo y la intensidad le ha ganado el apodo de "El Loco" en el mundo del fútbol.

107

Sir Alex Ferguson y su habilidad para reinventar equipos

Sir Alex Ferguson, en sus 26 años al frente del Manchester United, destacó por su habilidad para reinventar su equipo una y otra vez, adaptándose a los cambios en el fútbol. Ferguson era conocido por su enfoque en la disciplina, la juventud y la creación de una identidad ganadora en su equipo.

A lo largo de su carrera, formó múltiples generaciones exitosas de jugadores y fue clave para que el Manchester United dominara la Premier League, logrando 13 títulos de liga y dos Ligas de Campeones.

108

Vicente del Bosque y su enfoque en la armonía del equipo

Vicente del Bosque, quien llevó a España a ganar el Mundial de 2010, es reconocido por su enfoque en la armonía del equipo y su capacidad para manejar egos y unir talentos. Bajo su dirección, España jugaba un estilo de posesión similar al "tiki-taka" pero con mayor flexibilidad táctica. Del Bosque supo mantener un ambiente de cohesión y tranquilidad, lo que permitió a la selección española alcanzar el éxito y completar su dominio con una victoria en la Eurocopa de 2012.

109

José Mourinho y el "autobús" defensivo

José Mourinho es famoso por su estrategia defensiva apodada "aparcar el autobús", que implica organizar a su equipo en una defensa compacta y esperar a que el rival ataque para luego contragolpear. Mourinho utilizó esta táctica con gran éxito en equipos como el Inter de Milán y el Chelsea, logrando títulos de liga y de Champions. Aunque su estilo ha generado críticas, su efectividad en partidos difíciles ha demostrado que la solidez defensiva puede ser clave para ganar campeonatos.

110

Zinedine Zidane y su capacidad de gestión de estrellas

Zinedine Zidane es conocido por su habilidad para gestionar a jugadores de alto perfil en el Real Madrid, logrando un ambiente de unidad y motivación. Bajo su dirección, el Real Madrid ganó tres Ligas de Campeones consecutivas, un logro sin precedentes en la era moderna. Zidane empleaba una estrategia pragmática, adaptando su táctica según el rival y aprovechando la experiencia y el talento de sus jugadores. Su estilo de liderazgo ha sido clave para el éxito de un equipo con tantas estrellas.

Las Sorprendentes Hazañas en el Fútbol

111

El récord de Archie Thompson con 13 goles en un solo partido internacional

El futbolista australiano Archie Thompson estableció un récord mundial en 2001 al anotar 13 goles en un solo partido internacional. Esto ocurrió en un partido de clasificación para el Mundial contra Samoa Americana, que terminó con una asombrosa victoria de 31-0 para Australia. Este récord de goles en un solo partido sigue siendo inigualado y es una de las mayores hazañas individuales en la historia del fútbol.

112

La increíble temporada invicta del Arsenal en 2003-2004

En la temporada 2003-2004 de la Premier League, el Arsenal logró la hazaña de permanecer invicto durante los 38 partidos de la liga. Este logro le valió el apodo de "Los Invencibles" y es un hito que ningún otro equipo ha podido igualar en la liga inglesa moderna. El Arsenal, dirigido por Arsène Wenger, terminó la temporada con 26 victorias y 12 empates, un récord de consistencia y calidad que aún es recordado como una de las temporadas más extraordinarias.

113

El "Hat-trick perfecto" de Cristiano Ronaldo en 2015

Cristiano Ronaldo es uno de los jugadores con más hat-tricks en la historia, pero en 2015 logró uno especial conocido como el "hat-trick perfecto". Esto implica anotar tres goles en un partido, uno con el pie derecho, otro con el pie izquierdo y el último con la cabeza, mostrando una habilidad completa. Esta hazaña ocurrió en un partido con el Real Madrid y es un ejemplo de su versatilidad y dominio en el campo.

114

La sorpresiva victoria de Leicester City en la Premier League en 2016

En 2016, Leicester City sorprendió al mundo al ganar la Premier League, a pesar de haber sido considerado un candidato al descenso al inicio de la temporada. Con un equipo modesto, Leicester City superó a todos los grandes equipos de Inglaterra y logró uno de los títulos más inesperados en la historia del fútbol. Esta hazaña demostró que en el fútbol, todo es posible, y fue celebrada como un triunfo del espíritu y trabajo en equipo.

115

El récord de Pelé con más de 1,000 goles en su carrera

Pelé es conocido como uno de los mejores futbolistas de todos los tiempos, y uno de sus logros más impresionantes es haber anotado más de 1,000 goles en su carrera. Este récord incluye goles oficiales en partidos de clubes y de la selección brasileña, lo que destaca la capacidad goleadora de Pelé a lo largo de varias décadas. Su hito sigue siendo admirado y no ha sido igualado en la era moderna del fútbol.

116

El increíble 9-0 del Manchester United sobre el Ipswich Town en 1995

En 1995, el Manchester United logró una de las mayores goleadas en la historia de la Premier League al vencer al Ipswich Town 9-0. Este récord se mantuvo durante años y es recordado como uno de los momentos más dominantes de la liga inglesa.

La actuación fue un ejemplo del poder ofensivo del Manchester United, y la victoria se convirtió en un hito que reflejó la calidad de aquel equipo dirigido por Sir Alex Ferguson.

117

El partido histórico entre AS Adema y SO l'Emyrne que terminó 149-0

En 2002, el AS Adema de Madagascar ganó 149-0 contra el SO l'Emyrne en un partido oficial, estableciendo un récord mundial de la mayor goleada. Sin embargo, este resultado fue debido a que el equipo perdedor anotó intencionalmente en su propia portería en protesta contra una decisión arbitral. Aunque es un récord, este partido es un caso inusual y sigue siendo uno de los resultados más extraños en la historia del fútbol.

118

Lionel Messi y sus 91 goles en un solo año calendario

En 2012, Lionel Messi rompió el récord mundial al anotar 91 goles en un solo año calendario, superando la marca anterior de 85 goles, que había sido establecida por Gerd Müller en 1972. Messi logró esta increíble hazaña jugando tanto para el FC Barcelona como para la selección de Argentina, demostrando su capacidad para marcar goles en cualquier escenario. Este récord destaca su dominio y consistencia en el fútbol moderno.

119

La "Remontada" del Barcelona sobre el PSG en 2017

En la Liga de Campeones de 2017, el Barcelona logró una de las remontadas más asombrosas al vencer al PSG 6-1 en el partido de vuelta, después de haber perdido 4-0 en la ida. Con este resultado, el Barcelona logró avanzar a la siguiente ronda con un marcador global de 6-5, algo que nunca antes se había visto en la historia del torneo. Este partido se considera uno de los más emocionantes y sorprendentes, y mostró que ningún equipo está realmente eliminado hasta el último minuto.

120

La victoria de Zambia en la Copa Africana de Naciones en 2012

Zambia sorprendió al mundo del fútbol cuando ganó la Copa Africana de Naciones en 2012, venciendo en la final a Costa de Marfil, uno de los favoritos. Esta victoria fue especialmente significativa porque tuvo lugar en Gabón, cerca del sitio donde el equipo de Zambia había sufrido un trágico accidente aéreo en 1993. El triunfo fue visto como un tributo a los jugadores fallecidos y es recordado como una hazaña de resiliencia y honor.

Las Mejores Celebraciones de Goles

121

El famoso salto de Cristiano Ronaldo y su "Siuuu"

Cristiano Ronaldo popularizó una de las celebraciones más icónicas del fútbol al saltar y girar en el aire mientras grita "Siuuu". Esta celebración, que repite cada vez que marca un gol importante, ha sido imitada por sus fanáticos en todo el mundo. El grito de "Siuuu" significa "sí" en español y se ha convertido en una marca personal de Ronaldo, además de un símbolo de confianza y energía en el fútbol.

122

La celebración "Topo Gigio" de Juan Román Riquelme

En un clásico entre Boca Juniors y River Plate, el argentino Juan Román Riquelme celebró un gol mirando hacia la tribuna y colocando sus manos detrás de las orejas, al estilo de "Topo Gigio", un personaje infantil. Esta celebración fue un mensaje a la directiva de Boca en señal de protesta, y se volvió icónica en el fútbol argentino.

A partir de ese momento, la "Topo Gigio" de Riquelme fue recordada como una mezcla de ironía y desafío.

123

La danza de Roger Milla en el banderín de córner en Italia 1990

Roger Milla, estrella de Camerún, celebraba sus goles en el Mundial de Italia 1990 con una danza junto al banderín de córner, moviendo las caderas y con una gran sonrisa. Su celebración espontánea y alegre conquistó a los fanáticos y ayudó a popularizar las celebraciones de goles como una extensión de la personalidad de los jugadores. Milla no solo destacó por su habilidad, sino que su celebración se convirtió en símbolo del espíritu africano en el fútbol.

124

El "Cuchillo" de Gabriel Batistuta en la Serie A italiana

Gabriel Batistuta, conocido por su potencia goleadora, celebraba sus goles haciendo el gesto de un cuchillo con las manos, como si cortara el aire. Esta celebración representaba la pasión y la determinación del delantero argentino y se volvió un sello personal mientras jugaba en la Fiorentina.

Los fanáticos lo identificaban con su gesto de fuerza y agresividad, y se convirtió en una de las celebraciones más recordadas de la Serie A.

125

La "Cola de Vaca" de Hugo Sánchez

El mexicano Hugo Sánchez tenía una celebración muy particular: después de anotar, hacía una acrobacia dando una voltereta en el aire. Esta celebración, conocida como la "Cola de Vaca", se convirtió en su firma durante sus años en el Real Madrid. Inspirada en su experiencia en la gimnasia, su voltereta después de cada gol mostró su personalidad extrovertida y su alegría de jugar al fútbol, además de impresionar a la afición.

126

El baile "Macarena" de la Selección de Nigeria en 1994

En el Mundial de 1994, la selección de Nigeria se destacó no solo por su gran actuación, sino también por su celebración al estilo de la "Macarena". Después de anotar, los jugadores nigerianos bailaban en grupo, contagiando alegría a los fanáticos.

Esta celebración grupal, que mostraba la unidad del equipo, fue una de las primeras en popularizar los festejos en grupo y marcó un estilo de celebración para equipos africanos en mundiales posteriores.

127

La "Arquería" de Bebeto en el Mundial de 1994

Bebeto celebró un gol en el Mundial de 1994 simulando que mecía a un bebé en sus brazos, en honor al reciente nacimiento de su hijo. Este gesto conmovedor fue rápidamente imitado por jugadores en todo el mundo que celebran los nacimientos de sus hijos con una "arquería" en la cancha. Bebeto, con esta celebración, dejó un legado en el fútbol y popularizó una de las maneras más tiernas de celebrar un gol.

128

El baile de samba de Ronaldinho

Ronaldinho llevaba su alegría y amor por el fútbol a cada partido, y sus celebraciones no eran la excepción. En varias ocasiones, el brasileño celebraba sus goles con un baile de samba, moviendo los hombros y sonriendo. Su estilo relajado y su celebración reflejaban la esencia del fútbol brasileño y su influencia en la cultura del país, demostrando que para Ronaldinho el fútbol era pura diversión.

129

La celebración de Mario Balotelli mostrando su fuerza

En la Eurocopa de 2012, Mario Balotelli se volvió viral al celebrar un gol contra Alemania quitándose la camiseta y quedando inmóvil mientras mostraba sus músculos. Esta celebración simbolizaba su fuerza y confianza en sí mismo y se convirtió en un fenómeno en las redes sociales. La imagen de Balotelli mostrando sus músculos se volvió icónica y demostró que a veces una celebración simple puede transmitir un mensaje poderoso.

130

El robot de Peter Crouch

El delantero inglés Peter Crouch es conocido por su divertida celebración de "baile robot", que realizó en varias ocasiones después de marcar goles. Con su estatura y figura inusual, Crouch se destacó por hacer este baile robótico que hizo reír a los fanáticos y demostró su sentido del humor. Su "robot dance" se convirtió en una de las celebraciones más queridas en el fútbol y un momento inolvidable para los aficionados ingleses.

Las Estadísticas Más Increíbles del Fútbol

131

Pelé es el máximo goleador de la historia con más de 1,200 goles

El legendario Pelé anotó más de 1,200 goles a lo largo de su carrera, una cifra que incluye partidos oficiales y amistosos reconocidos por la FIFA. Aunque algunos de estos goles fueron en partidos no oficiales, su habilidad para anotar de manera constante durante su carrera es una de las marcas más impresionantes en el fútbol y consolidó su estatus como uno de los mejores de todos los tiempos.

132

Cristiano Ronaldo es el máximo goleador en competiciones internacionales de clubes

Cristiano Ronaldo ha marcado más goles que cualquier otro jugador en la historia de competiciones de clubes de la UEFA, como la Liga de Campeones. Con 140 goles en Champions, ha superado a todos sus rivales y se ha consolidado como el máximo goleador en la historia del torneo, convirtiéndose en el jugador con más récords en la competición más prestigiosa de Europa.

133

El jugador con más tarjetas rojas es Gerardo Bedoya, con 46 expulsiones

Gerardo Bedoya, un exfutbolista colombiano, ostenta el récord de ser el jugador con más tarjetas rojas en la historia del fútbol profesional. Con 46 expulsiones durante su carrera, Bedoya fue conocido por su estilo de juego agresivo. Su récord se mantiene como una de las cifras más impactantes y es una muestra de la intensidad con la que algunos jugadores viven el fútbol.

134

El Real Madrid tiene el récord de más títulos de Champions League

El Real Madrid es el equipo más exitoso en la historia de la Liga de Campeones de la UEFA, con 15 títulos (1956, 1957, 1958, 1959, 1960, 1966, 1998, 2000, 2002, 2014, 2016, 2017, 2018, 2022, 2024). Su dominio en Europa ha sido consistente, y lograron tres títulos consecutivos entre 2016 y 2018 bajo la dirección de

Zinedine Zidane. Este récord es una prueba de la grandeza del Real Madrid y su prestigio en el fútbol europeo y mundial.

135

Lionel Messi tiene el récord de más Balones de Oro, con ocho galardones

Lionel Messi ha ganado el Balón de Oro en ocho ocasiones, más que cualquier otro jugador en la historia (2009, 2010, 2011, 2012, 2015, 2019, 2021 y 2023). Este premio, otorgado al mejor futbolista del año, destaca su consistencia y su dominio en el fútbol durante más de una década. Su récord es un reflejo de su increíble talento y la admiración que despierta en el mundo del fútbol.

136

La mayor goleada en un Mundial fue Hungría 10-1 El Salvador en 1982

En el Mundial de España 1982, Hungría venció a El Salvador 10-1, la mayor goleada registrada en la historia de los mundiales. Este marcador impactante sigue siendo un récord en la competición y mostró el dominio de Hungría en ese partido. Aunque El Salvador fue superado, el partido es un hito en la historia de la Copa del Mundo por su abultado resultado.

137

Peter Shilton es el jugador con más partidos oficiales disputados, con 1,390

El portero inglés Peter Shilton jugó 1,390 partidos oficiales a lo largo de su carrera, una cifra récord en el fútbol profesional. Con más de 30 años en activo, Shilton defendió la portería de clubes y de la selección inglesa, y su longevidad y constancia en el campo lo convirtieron en una leyenda. Su impresionante récord aún no ha sido superado.

138

El partido con más goles en un Mundial fue Austria 7-5 Suiza en 1954

En el Mundial de 1954 celebrado en Suiza, Austria y Suiza protagonizaron el partido con más goles en la historia de los mundiales, terminando 7-5 a favor de Austria. Este partido es recordado no solo por la cantidad de goles, sino también por la intensidad y emoción en cada minuto. Fue un espectáculo ofensivo que sigue siendo el partido de mayor puntuación en los torneos de la Copa del Mundo.

139

Manchester United es el único equipo en ganar un triplete "perfecto"

En la temporada 1998-1999, el Manchester United logró el triplete "perfecto", ganando la Premier League, la FA Cup y la Liga de Campeones en la misma temporada. Este logro es conocido como uno de los más difíciles de alcanzar en el fútbol y ha convertido a ese equipo en una leyenda, destacando la dirección de Sir Alex Ferguson y el talento de jugadores como David Beckham y Ryan Giggs.

140

Dino Zoff ganó el Mundial con 40 años, siendo el jugador de más edad en lograrlo

Dino Zoff, el arquero de la selección italiana, ganó la Copa del Mundo de 1982 a los 40 años, convirtiéndose en el jugador de más edad en levantar el trofeo. Su habilidad y experiencia fueron claves para que Italia lograra el campeonato, y su récord como el campeón mundial más veterano sigue vigente. Zoff es un símbolo de la dedicación y el talento en el fútbol, demostrando que la edad no es una barrera para alcanzar el éxito.

Los Clubes Más Antiguos y sus Historias

141

Sheffield FC, fundado en 1857, es el club de fútbol más antiguo del mundo

Sheffield FC, fundado en 1857 en Inglaterra, es reconocido oficialmente por la FIFA como el club de fútbol más antiguo del mundo. Formado por Nathaniel Creswick y William Prest, Sheffield FC estableció algunas de las primeras reglas del fútbol, conocidas como las "Reglas de Sheffield". Aunque ahora juega en divisiones inferiores, su legado como pionero del fútbol lo convierte en una institución histórica y respetada en el mundo del deporte.

142

El Hallam FC es el segundo club más antiguo y rival histórico de Sheffield FC

Hallam FC fue fundado en 1860 y es considerado el segundo club de fútbol más antiguo del mundo. Este club también se encuentra en Sheffield, y junto a Sheffield FC protagonizó el primer "derbi" de fútbol en 1860, cuando ambos equipos se enfrentaron. Su rivalidad es la más antigua del deporte, y sus encuentros se consideran históricos, recordando los orígenes del fútbol en Inglaterra.

143

El Notts County, fundado en 1862, es el club profesional más antiguo

Notts County, fundado en 1862, es el club de fútbol profesional más antiguo del mundo. Aunque ahora compite en divisiones inferiores, el equipo jugó en la Football League desde su creación en 1888. Los colores blanco y negro de su uniforme inspiraron la camiseta de la Juventus de Turín, en Italia. A lo largo de los años, Notts County ha mantenido una base de seguidores leal y es un símbolo del fútbol inglés clásico.

144

El Stoke City fue fundado en 1863 y es uno de los más antiguos de la Premier League

Stoke City, fundado en 1863 como Stoke Ramblers, es uno de los clubes de fútbol más antiguos de Inglaterra y ha tenido una historia rica en el deporte. A lo largo de los años, el club ha pasado por varias divisiones y ha experimentado éxitos y dificultades. Stoke City es recordado por su fuerte juego físico y su estadio, el Britannia Stadium, que es famoso por su ambiente intimidante, especialmente durante los partidos de invierno.

145

Kilmarnock FC es el club de fútbol profesional más antiguo de Escocia

Fundado en 1869, Kilmarnock FC es el equipo de fútbol profesional más antiguo de Escocia. El club es parte de la historia del fútbol escocés y ha competido en numerosas temporadas de la Scottish Premier League. Aunque no es uno de los equipos más exitosos, su longevidad y tradición lo han convertido en un símbolo de la historia futbolística en Escocia, y sus aficionados valoran profundamente el legado de su club.

146

El Recreativo de Huelva es el club más antiguo de España

Recreativo de Huelva, fundado en 1889, es el club de fútbol más antiguo de España y es conocido como "El Decano" del fútbol español. Fue fundado por trabajadores británicos en las minas de Río Tinto, en Andalucía, y trajo el fútbol a España. Aunque actualmente juega en divisiones menores, su estatus como el primer club español le da un lugar especial en la historia del deporte en el país y entre sus aficionados.

147

Genoa CFC, el club más antiguo de Italia, nació en 1893

Genoa CFC, fundado en 1893, es el club de fútbol más antiguo de Italia. Originalmente creado por expatriados británicos como un club de cricket y fútbol, Genoa pronto se dedicó exclusivamente al fútbol y se convirtió en uno de los equipos más exitosos en los primeros años de la liga italiana. Ha ganado nueve títulos de liga y es uno de los equipos históricos en Italia, con una afición apasionada y fiel.

148

El Royal Engineers fue uno de los primeros clubes en popularizar el fútbol ofensivo

Fundado en 1863 en Inglaterra, el Royal Engineers AFC es uno de los clubes pioneros en adoptar un estilo de juego ofensivo y de pases. Este equipo militar es conocido por su influencia en la táctica de "pases combinados", que cambió el enfoque del juego individual al trabajo en equipo. Su contribución a la evolución táctica del fútbol fue fundamental y es recordado como uno de los primeros equipos en introducir el "juego bonito".

149

Queens Park FC es el club de fútbol más antiguo de Escocia y se fundó en 1867

Queens Park FC, fundado en 1867 en Glasgow, es el club de fútbol más antiguo de Escocia y uno de los primeros en adoptar el lema "Ludere Causa Ludendi" (Jugar por el amor al juego). Originalmente amateur, el club se dedicó al juego limpio y a promover el fútbol en su estado puro. Sus primeros equipos fueron tan influyentes que contribuyeron a la expansión del fútbol escocés, y hasta hoy Queens Park mantiene un lugar especial en la historia del fútbol escocés.

150

TSV 1860 Múnich es uno de los clubes más antiguos de Alemania

TSV 1860 Múnich fue fundado en 1860 como un club multideportivo y es uno de los clubes más antiguos de Alemania. Aunque su sección de fútbol comenzó a funcionar oficialmente en 1899, el club ha mantenido su nombre original. Durante décadas, TSV 1860 Múnich ha sido uno de los equipos importantes en Baviera, y su rivalidad con el Bayern de Múnich le da un estatus especial en la historia del fútbol alemán.

El Fútbol y los Juegos Olímpicos

151

El fútbol se incluyó por primera vez en los Juegos Olímpicos de 1900

El fútbol fue parte de los Juegos Olímpicos por primera vez en 1900, en París, aunque en esa edición fue considerado un deporte de exhibición. Solo participaron tres equipos (Francia, Gran Bretaña y Bélgica), y Gran Bretaña fue considerado el primer ganador. Fue en 1908 cuando el fútbol se integró oficialmente como deporte olímpico, consolidándose como una de las competiciones más esperadas en cada edición.

152

Uruguay fue el primer país en ganar el oro olímpico en fútbol en 1924

Uruguay ganó la medalla de oro en los Juegos Olímpicos de París en 1924, siendo el primer país sudamericano en triunfar en el torneo de fútbol. Este logro demostró el alto nivel del fútbol sudamericano y dio inicio al reconocimiento internacional de Uruguay.

Su victoria fue tan impactante que la FIFA invitó al país a ser sede del primer Mundial en 1930, donde también se coronó campeón.

153

Hungría es el país con más medallas de oro en fútbol olímpico

La selección de Hungría ha ganado el torneo de fútbol en los Juegos Olímpicos en tres ocasiones: 1952, 1964 y 1968. Esto convierte a Hungría en el país con más medallas de oro en la historia del fútbol olímpico, reflejando su dominio durante esas décadas. Aunque actualmente Hungría no es una potencia futbolística, su legado en el fútbol olímpico sigue siendo recordado.

154

El torneo olímpico de fútbol fue exclusivo para amateurs hasta 1984

Durante gran parte del siglo XX, solo se permitía que jugadores amateurs compitieran en los Juegos Olímpicos, excluyendo a los profesionales. Esta regla fue diseñada para preservar el espíritu olímpico y evitar el dominio de equipos con estrellas de alto nivel. En 1984, los Juegos de Los Ángeles permitieron por primera vez la participación de jugadores profesionales, cambiando significativamente el nivel de competencia.

155

Desde 1992, el fútbol olímpico masculino tiene un límite de edad

Para distinguir el torneo olímpico del Mundial, el fútbol masculino en los Juegos Olímpicos impone un límite de edad de 23 años, aunque permite que cada equipo incluya a tres jugadores mayores de esa edad. Esta regla permite a los jóvenes talentos destacarse en una competencia internacional, mientras que los equipos aún pueden contar con algo de experiencia en su alineación. Este formato ha hecho del fútbol olímpico un escenario ideal para futuras estrellas.

156

El fútbol femenino debutó en los Juegos Olímpicos de 1996

El fútbol femenino se incluyó por primera vez en los Juegos Olímpicos en Atlanta 1996, y desde entonces ha sido una de las competiciones más importantes para el desarrollo del fútbol femenino a nivel mundial. En esa primera edición, Estados Unidos se llevó la medalla de oro, estableciéndose como una de las potencias en esta disciplina. La inclusión del fútbol femenino en los Juegos Olímpicos ha ayudado a impulsar su popularidad y profesionalización.

157

Argentina ganó dos medallas de oro consecutivas en 2004 y 2008

Argentina logró un hito al ganar el oro en los Juegos Olímpicos de Atenas 2004 y Beijing 2008, siendo uno de los pocos países en lograr dos títulos olímpicos consecutivos en fútbol masculino. Con jugadores jóvenes que luego triunfarían en el fútbol profesional, como Lionel Messi y Carlos Tévez, Argentina dominó estas ediciones y destacó por su estilo de juego ofensivo y talento individual.

158

Brasil ganó su primer oro olímpico en fútbol en 2016 en su propio país

Después de años de intentarlo, Brasil finalmente ganó la medalla de oro en fútbol masculino en los Juegos Olímpicos de Río 2016. Este triunfo fue especialmente significativo, ya que ocurrió en suelo brasileño, en el legendario Estadio Maracaná, y con Neymar como una de las figuras del equipo. La victoria en casa fue celebrada intensamente, ya que Brasil había ganado varios Mundiales, pero le faltaba el oro olímpico en su historial.

159

La Unión Soviética y Yugoslavia destacaron en los torneos olímpicos de fútbol

Tanto la Unión Soviética como Yugoslavia tuvieron una gran presencia en los torneos de fútbol olímpico, especialmente en la época en que solo se permitían jugadores amateurs. La Unión Soviética ganó el oro en 1956 y 1988, mientras que Yugoslavia obtuvo varias medallas, incluida una de oro en 1960. Estos equipos, que ya no existen en su forma original, tuvieron un legado destacado en el fútbol olímpico y reflejaron el talento futbolístico en sus regiones.

160

México ganó el oro en el fútbol masculino en Londres 2012

México sorprendió al mundo al ganar la medalla de oro en fútbol masculino en los Juegos Olímpicos de Londres 2012, al derrotar a Brasil 2-1 en la final. Este triunfo fue histórico para México, ya que fue su primera medalla de oro en fútbol y mostró el talento de una generación de jóvenes jugadores mexicanos. La victoria fue celebrada como uno de los mayores logros en la historia del fútbol mexicano y destacó su potencial en competencias internacionales.

Las Grandes Hazañas del Fútbol Femenino

161

La Copa Mundial Femenina de 1991 fue el primer mundial oficial de la FIFA

En 1991, la FIFA organizó la primera Copa Mundial Femenina en China, en la que participaron 12 equipos. Estados Unidos se coronó campeón al vencer a Noruega 2-1 en la final, marcando un hito en la historia del fútbol femenino. Este torneo fue un gran paso para el reconocimiento global del fútbol femenino y sentó las bases para futuras ediciones, impulsando el crecimiento del deporte en todo el mundo.

162

Marta es la máxima goleadora de los mundiales femeninos

La brasileña Marta, conocida como una de las mejores futbolistas de todos los tiempos, tiene el récord de ser la máxima goleadora en la historia de la Copa Mundial Femenina con 17 goles. Su talento, velocidad y técnica han impresionado a fanáticos de todo el mundo, y su récord es un símbolo del dominio y consistencia que ha tenido a lo largo de su carrera. Marta se ha convertido en un ícono del fútbol femenino y en un modelo a seguir para futuras generaciones.

163

Estados Unidos es el país con más Copas Mundiales Femeninas ganadas

La selección femenina de Estados Unidos ha ganado la Copa Mundial Femenina en cuatro ocasiones (1991, 1999, 2015 y 2019), más que cualquier otro país. Su éxito se debe a una gran estructura de desarrollo juvenil y al talento de jugadoras icónicas como Mia Hamm, Abby Wambach y Megan Rapinoe. Este dominio ha establecido a Estados Unidos como una potencia en el fútbol femenino y ha inspirado a millones de fanáticas en el país.

164

La final del Mundial Femenino de 1999 rompió récords de audiencia en Estados Unidos

La final del Mundial Femenino de 1999, en la que Estados Unidos venció a China en una tanda de penales, fue vista por más de 90,000 personas en el estadio Rose Bowl y millones en televisión. Esta final se convirtió en un momento histórico, especialmente cuando Brandi Chastain celebró su penal decisivo quitándose la camiseta, una imagen que se volvió icónica. Este partido rompió barreras para el fútbol femenino y atrajo una gran atención mediática.

165

Inglaterra organizó el primer torneo no oficial de fútbol femenino en 1970

Antes de que la FIFA organizara el primer Mundial Femenino, Inglaterra celebró el "Mundial Femenino" en 1970, con equipos de varios países europeos y Sudamérica. Aunque no fue oficial, este torneo marcó un hito en la historia del fútbol femenino y mostró el interés creciente por el deporte. Fue una inspiración para la creación de torneos oficiales y ayudó a demostrar que el fútbol femenino tenía un público fiel y apasionado.

166

La Champions League Femenina de la UEFA comenzó en 2001

La UEFA lanzó la Champions League Femenina en 2001 (originalmente llamada Copa Femenina de la UEFA), brindando a los clubes europeos femeninos una competición de alto nivel similar a la de los hombres. Este torneo ha crecido en popularidad y prestigio, y ha permitido que equipos como el Olympique de Lyon y el FC Barcelona se conviertan en referentes. La Champions League Femenina ha elevado el nivel del fútbol de clubes en Europa y atrae cada vez a más audiencia.

167

Abby Wambach es la máxima goleadora internacional de todos los tiempos

La estadounidense Abby Wambach ostenta el récord de goles internacionales en selecciones femeninas y masculinas, con 184 goles en partidos internacionales. Este récord la convirtió en una leyenda del fútbol y simboliza su habilidad y consistencia en la selección de Estados Unidos. Wambach se retiró como una de las figuras más importantes del fútbol femenino y sigue inspirando a muchas jóvenes en todo el mundo.

168

La Liga Femenina de Inglaterra, FA Women's Super League, ha crecido exponencialmente

La FA Women's Super League (WSL), establecida en 2010, se ha convertido en una de las ligas de fútbol femenino más competitivas y seguidas del mundo. Con equipos como Chelsea, Arsenal y Manchester City invirtiendo en talento, la liga ha atraído a estrellas de todo el mundo y ha aumentado su audiencia en televisión y redes sociales. El crecimiento de la WSL es un reflejo del aumento en la inversión y popularidad del fútbol femenino en Inglaterra.

169

Japón ganó su primer Mundial Femenino en 2011 tras el terremoto y tsunami

En 2011, Japón se convirtió en el primer equipo asiático en ganar la Copa Mundial Femenina, al vencer a Estados Unidos en una emocionante final que se decidió en penales. Este triunfo fue particularmente significativo, ya que ocurrió pocos meses después del devastador terremoto y tsunami en Japón.

La victoria de la selección japonesa inspiró al país en un momento difícil y se convirtió en un símbolo de esperanza y resiliencia para la nación.

170

Ada Hegerberg fue la primera mujer en ganar el Balón de Oro Femenino en 2018

En 2018, la noruega Ada Hegerberg, estrella del Olympique de Lyon, hizo historia al ser la primera jugadora en recibir el Balón de Oro Femenino. Su premio reconoció su talento y logros en el fútbol de clubes y celebró el crecimiento y visibilidad del fútbol femenino. Hegerberg se convirtió en una referencia para el fútbol femenino y el premio abrió la puerta para que las futbolistas fueran reconocidas en igualdad de condiciones que sus colegas masculinos.

Fútbol en Condiciones Extremas

171

El "Partido del Siglo" entre Bolivia y Brasil en La Paz a 3,640 metros de altura

Bolivia juega sus partidos en La Paz, en el Estadio Hernando Siles, a una altitud de 3,640 metros sobre el nivel del mar. En las eliminatorias sudamericanas, Brasil sufrió en 1993 cuando Bolivia le ganó 2-0, convirtiéndose en la primera selección en derrotar a Brasil en una clasificación. La altura afecta la resistencia y respiración de los jugadores visitantes, dando a Bolivia una ventaja significativa en su cancha.

172

El Mundial de 1978 en Argentina y la intensa neblina en un partido clave

Durante el Mundial de 1978 en Argentina, un partido entre Brasil y Suecia en Mar del Plata, se jugó bajo una densa neblina que dificultaba la visibilidad en el campo. A pesar de la niebla, el partido continuó y Brasil logró una victoria por 1-0. La neblina era tan espesa que en ocasiones los jugadores y espectadores tenían problemas para seguir el balón, pero el partido fue memorable por la determinación de los equipos en condiciones adversas.

173

El "Partido del Barro" entre Italia y Polonia en 1974

En el Mundial de 1974 en Alemania, Italia y Polonia se enfrentaron en un partido donde la cancha estaba tan embarrada que los jugadores tenían dificultades para mantenerse en pie. Bajo una fuerte lluvia, el campo se convirtió en un lodazal, y el control del balón era casi imposible. Polonia ganó 2-1, eliminando a Italia del torneo, y el partido es recordado como uno de los más complicados por el estado del terreno.

174

La final del Mundial de 1950 en Brasil bajo una tormenta en el Maracaná

La final entre Brasil y Uruguay en el Mundial de 1950, conocida como el "Maracanazo", se jugó bajo condiciones de lluvia intensa en el Estadio Maracaná. A pesar de la lluvia, más de 200,000 espectadores llenaron el estadio. Uruguay ganó 2-1 en una de las mayores sorpresas de la historia del fútbol.

La lluvia, lejos de detener a los hinchas, hizo que la derrota de Brasil fuera aún más dramática y dolorosa para los locales.

175

El "Partido en la Nieve" entre Estados Unidos y Costa Rica en 2013

Durante un partido de clasificación para el Mundial de 2014, Estados Unidos enfrentó a Costa Rica en Denver bajo una intensa nevada. A pesar de la nieve cubriendo el campo y complicando la visibilidad y los movimientos, el partido continuó, y Estados Unidos ganó 1-0. Los jugadores costarricenses criticaron la decisión de no suspender el encuentro, ya que las condiciones favorecían al equipo local, acostumbrado a climas fríos.

176

El partido a 4,000 metros en el Estadio Daniel Alcides Carrión de Perú

El Estadio Daniel Alcides Carrión, en Cerro de Pasco, Perú, es uno de los estadios de mayor altitud en el mundo, a casi 4,000 metros sobre el nivel del mar. Jugar a esta altitud presenta grandes desafíos, ya que el oxígeno es escaso y los jugadores visitantes suelen tener problemas de respiración. Los equipos locales suelen tener ventaja, mientras que los visitantes experimentan una fatiga extrema y dificultad para mantener el ritmo de juego.

177

El Mundial de 1970 en México y los partidos al mediodía bajo el sol intenso

En el Mundial de 1970, varios partidos se jugaron al mediodía bajo el sol abrasador de México, con temperaturas que alcanzaban los 35 grados Celsius. Las condiciones fueron especialmente duras para los equipos europeos, que no estaban acostumbrados al calor y la altitud de las sedes mexicanas. La FIFA luego cambió los horarios de los partidos en futuras competiciones para evitar este tipo de desgaste físico extremo.

178

La Copa Libertadores y los partidos bajo lluvias torrenciales en Brasil

En varias ediciones de la Copa Libertadores, equipos brasileños han enfrentado a rivales bajo lluvias torrenciales, especialmente en ciudades como Sao Paulo y Río de Janeiro. Uno de los partidos más recordados ocurrió en 2013 entre Atlético Mineiro y Newell's Old Boys, donde la cancha estaba tan inundada que el balón apenas rodaba. A pesar de las condiciones, los equipos jugaron hasta el final y Atlético Mineiro logró avanzar en la competición.

179

El partido más frío de la historia, entre Islandia y Estonia a -12°C

En 2013, Islandia y Estonia jugaron un amistoso en Reykjavik (Islandia), bajo una temperatura de -12°C, convirtiéndose en uno de los partidos oficiales más fríos de la historia. A pesar de las condiciones heladas, los jugadores usaron guantes y prendas térmicas para soportar el clima extremo.

Este partido es recordado por su dureza y porque muestra cómo el fútbol se adapta a climas extremos, aunque los jugadores deben enfrentarse al frío intenso.

180

El partido entre Bayern Múnich y Arminia Bielefeld bajo una fuerte tormenta de nieve

En 2021, Bayern Múnich y Arminia Bielefeld se enfrentaron en un partido de la Bundesliga bajo una tormenta de nieve que cubría completamente el campo. El balón naranja fue necesario para que los jugadores pudieran verlo, y el partido terminó en un sorprendente empate 3-3. Las imágenes de los jugadores y el campo completamente nevado se volvieron virales, mostrando una de las condiciones más extremas en la liga alemana reciente.

Mascotas y Amuletos en el Fútbol

181

Lionel Messi usa una cinta roja que le dio su madre como amuleto

Lionel Messi lleva una cinta roja en el tobillo como amuleto de buena suerte, regalo de su madre. Este detalle se ha convertido en un símbolo para Messi y le acompaña en cada partido importante. Su cinta es un recordatorio de la protección familiar y la superstición que muchos futbolistas llevan consigo en el campo de juego para darles confianza y fortuna.

182

El "calzoncillo de la suerte" de Cristiano Ronaldo

Cristiano Ronaldo es conocido por su dedicación a los detalles, y una de sus supersticiones es usar un calzoncillo específico en partidos importantes. Ronaldo cree que esta prenda le da suerte y, como parte de su ritual, la utiliza en encuentros decisivos. Este curioso amuleto es un ejemplo de cómo incluso los mejores jugadores tienen supersticiones personales para asegurarse el éxito en el campo.

183

Carles Puyol siempre tocaba el césped antes de un partido

El legendario defensa del FC Barcelona Carles Puyol tenía la costumbre de tocar el césped con la mano derecha al entrar al campo como un ritual de buena suerte. Para él, este gesto significaba respeto hacia el juego y conexión con el estadio, un acto que realizaba antes de cada partido para prepararse mentalmente y atraer buena fortuna.

184

David Beckham tenía una rutina de colocar todo en pares

David Beckham es conocido por su obsesión con la simetría y el orden, y uno de sus amuletos era colocar sus botines y prendas de manera ordenada y en pares antes de cada partido. Esta práctica calmaba su mente y le daba una sensación de control sobre el juego. Beckham se aseguraba de que cada detalle fuera perfecto, confiando en que esto le traería buenos resultados en el campo.

185

La medalla de la suerte de Wayne Rooney

Wayne Rooney tenía una medalla de la suerte que siempre llevaba consigo antes de un partido importante. Este amuleto le fue regalado por su esposa y era un símbolo de protección y fuerza. Rooney confiaba en esta medalla para enfrentar los desafíos y mantener la concentración, y es un ejemplo de cómo muchos jugadores dependen de estos objetos para aumentar su confianza en el juego.

186

Kolo Touré siempre entraba al campo de último

El exdefensa marfileño Kolo Touré tenía la superstición de entrar al campo en último lugar antes de cada partido. Una vez, mientras jugaba en el Arsenal, incluso retrasó el inicio de un segundo tiempo porque estaba esperando que un compañero regresara para que él pudiera entrar de último. Este ritual era tan importante para él que lo realizaba en todos los equipos en los que jugó, buscando asegurar la buena fortuna.

187

El amuleto del "Conejo" Saviola

Javier "Conejo" Saviola, exjugador argentino, siempre llevaba consigo un pequeño conejo de peluche que le dio su abuela. Consideraba al conejo como su amuleto y lo llevaba en su bolso a cada partido. Para él, el peluche representaba protección y cariño familiar, y le brindaba seguridad y confianza en cada estadio en el que jugaba.

188

Gareth Bale y su ritual de nudos en los cordones

Gareth Bale tiene la superstición de anudar sus cordones de una manera específica antes de cada partido. Esta rutina le da una sensación de control y tranquilidad, y se ha convertido en parte de su preparación mental antes de pisar el campo. Bale es meticuloso con este detalle, ya que cree que influye en su desempeño y le asegura un buen juego.

189

El pollo de la suerte de la selección de Brasil en el Mundial de 1982

En el Mundial de 1982, la selección de Brasil adoptó a un pollo como su mascota de la suerte. Llamado "Xodó", el pollo viajaba con el equipo y se convirtió en una especie de amuleto. Los jugadores creían que el animal les traía suerte y lo llevaban a todas partes, mostrando cómo los equipos pueden encontrar en mascotas inesperadas una fuente de unión y buena fortuna.

190

La camiseta de la suerte de Sergio Goycochea

Sergio Goycochea, arquero argentino, tenía una camiseta específica que usaba como amuleto en los partidos importantes, especialmente en la tanda de penales. En el Mundial de Italia en 1990, Goycochea llevó su camiseta de la suerte en varias tandas decisivas, logrando atajadas históricas que llevaron a Argentina a la final. Esta camiseta es recordada como su símbolo de éxito y es un ejemplo de cómo los amuletos pueden dar confianza en momentos de máxima presión.

El Futuro del Fútbol: Nuevas Tecnologías y Cambios

191

El uso del VAR cambió para siempre la toma de decisiones en el campo

La introducción del VAR (Asistente de Árbitro de Video) en 2018 ha revolucionado la precisión en el arbitraje. Permite a los árbitros revisar jugadas dudosas como penales, tarjetas rojas y goles cuestionables mediante repeticiones en video. Aunque ha generado controversia entre los fanáticos, el VAR ha reducido errores y busca hacer el juego más justo, estableciéndose como una de las herramientas tecnológicas más influyentes en el fútbol actual.

192

Los drones ya se utilizan en entrenamientos para capturar nuevos ángulos

Equipos de fútbol de primer nivel están usando drones en sus entrenamientos para capturar vistas aéreas que permiten analizar las posiciones y movimientos de los jugadores.

Con imágenes detalladas, los entrenadores pueden evaluar mejor la táctica y corregir errores en tiempo real, optimizando el rendimiento colectivo. Esta innovación tecnológica ofrece un nivel de análisis que antes era imposible y está cambiando la forma en que se preparan los equipos.

193

La inteligencia artificial predice el rendimiento de jugadores

La inteligencia artificial se está utilizando para analizar el rendimiento de los jugadores, prediciendo su desarrollo y riesgo de lesiones. A través de datos de rendimiento, salud y estilo de juego, los algoritmos pueden anticipar cómo evolucionará un jugador y ayudar a los equipos a gestionar su carga de trabajo. Esta tecnología permite a los clubes realizar fichajes más acertados y proteger la salud de sus jugadores, maximizando su carrera profesional.

194

Los "balones inteligentes" con sensores internos ya son una realidad

La tecnología de "balones inteligentes" permite medir la velocidad, potencia, y precisión de cada disparo. Estos balones están equipados con sensores que envían datos en tiempo real a un dispositivo, ayudando a los entrenadores y jugadores a perfeccionar sus técnicas de disparo. Con esta tecnología, el entrenamiento puede ser mucho más preciso, y permite a los jugadores afinar sus habilidades con información detallada de cada toque de balón.

195

Cámaras de 360° para mejorar la experiencia de los fanáticos

Las cámaras de 360° se están incorporando en los estadios y transmisiones, permitiendo a los espectadores ver los partidos desde diferentes ángulos, como si estuvieran en el campo. Esta tecnología brinda una experiencia inmersiva, dándole al fanático una vista privilegiada de cada jugada.

Las retransmisiones de 360° están cambiando la forma en que el público experimenta el fútbol, acercándolos al partido como nunca antes.

196

La tecnología de seguimiento GPS ayuda a monitorear el rendimiento físico

La tecnología GPS, utilizada en chalecos especiales, permite registrar en tiempo real la distancia recorrida, velocidad y esfuerzo de los jugadores. Esta herramienta es clave para que los entrenadores monitoreen el rendimiento físico y ajuste los entrenamientos según las necesidades individuales de cada jugador. El análisis de datos GPS mejora la gestión de la condición física, ayudando a prevenir lesiones y optimizar el rendimiento de cada deportista.

197

Las simulaciones de realidad virtual para entrenamiento mental y táctico

La realidad virtual se está integrando en el fútbol para entrenar la mentalidad y táctica de los jugadores. A través de simulaciones, los jugadores pueden visualizar situaciones de juego y mejorar su toma de decisiones sin estar físicamente en el campo. Equipos de élite ya están usando esta tecnología para que sus futbolistas practiquen jugadas y mejoren su concentración, ganando ventaja en partidos donde la reacción rápida es crucial.

198

El uso de estadísticas avanzadas para identificar patrones de juego

Los análisis de datos avanzados permiten estudiar patrones de juego en los rivales y en el propio equipo, detectando debilidades y oportunidades. Los entrenadores utilizan software de análisis para planificar estrategias basadas en cómo se desenvuelven sus rivales en situaciones específicas, como tiros de esquina o contraataques.

Las estadísticas avanzadas están transformando el enfoque estratégico del fútbol, convirtiéndolo en un deporte cada vez más táctico y analítico.

199

Pruebas de sensores de línea para detectar fuera de juego en tiempo real

La FIFA está probando sensores en el campo para detectar el fuera de juego en tiempo real, eliminando la necesidad de revisión prolongada del VAR. Con sensores en los botines de los jugadores y en el balón, esta tecnología puede alertar instantáneamente al árbitro de una posición adelantada, agilizando el juego y reduciendo las interrupciones. Si se implementa oficialmente, los fuera de juego serían detectados con absoluta precisión en un segundo.

200

Implementación de "árbitros robóticos" en torneos juveniles y de desarrollo

En torneos de categorías inferiores, ya se están probando árbitros automatizados que utilizan inteligencia artificial para tomar decisiones en el juego. Estos "árbitros robóticos" identifican faltas, salidas de balón y hasta goles en tiempo real, con mínimas intervenciones humanas.

La idea es que esta tecnología complemente a los árbitros en el futuro, aumentando la precisión en el arbitraje y reduciendo errores que afectan los resultados de los partidos.

201

La tecnología de enfriamiento en las camisetas para regular la temperatura corporal

En grandes torneos, como el Mundial de Qatar 2022, se ha desarrollado tecnología de enfriamiento integrada en las camisetas de los jugadores, diseñada para ayudar a regular su temperatura corporal en climas cálidos. Estos tejidos especiales, que usan materiales transpirables y de enfriamiento activo, ayudan a los futbolistas a mantener un rendimiento óptimo en condiciones de calor extremo. Esta innovación está pensada para reducir el desgaste físico y mejorar la comodidad en el campo.

www.ingramcontent.com/pod-product-compliance
Lightning Source LLC
LaVergne TN
LVHW091104150826
845673LV00002B/711

* 9 7 9 8 2 3 0 0 1 2 0 8 5 *